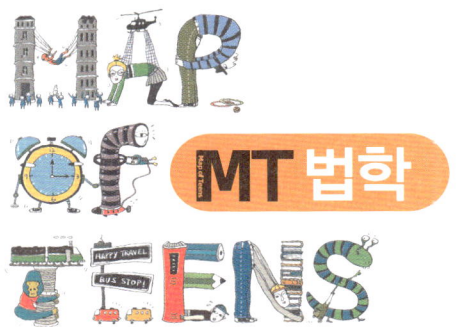

MT 법학

MT 법학

Map of Teens

고려대학교 이상돈 교수 외 지음

청어람 장서가

시리즈를 발간하며

대학입시에 대한 관심이 우리나라처럼 높은 곳도 없을 것이다. 하지만 대학에 대한 많은 관심에도 불구하고, 막상 대학에 가서 무엇을 배우는지에 대해서는 학생과 학부모 모두 구체적으로 모르고 있는 것 같다. 이는 대학교육의 실질적 내용보다는 대학졸업장 취득여부에만 큰 관심을 기울이는 세태의 반영일 수도 있지만, '대학 가는 것'을 인생의 중요한 목표로 삼고 있는 중·고등학생들에게 대학의 교육내용을 쉽고 친절하게 설명해주는 자료가 없었기 때문일 것이다.

〈나의 미래 공부〉시리즈 Map of Teens는 중·고등학생들의 후회 없는 선택과 성공적인 공부를 위해 기획되었다. 자신의 삶을 크게 테두리 지을 대학의 각 분야별 공부가 구체적으로 어떤 것인지 스스로 읽고 판단하는 데 도움이 될 것이다. 이것이 내가 정말로 하고 싶은 것인지, 잘 할 수 있을 것인지를 스스로 또는 부모님, 선생님과 함께 고민하고 결정할 수 있게 만들어 줄 것이다. 아직 자신의 적성을 모른다면, 이 시리즈에 포함된 다양한 공부의 길들을 비교해보면서 역으로 자신의 흥미와 열정을 발견할 수도 있을 것이다.

대학의 다양한 학문들이 무엇을 배우고 연구하는지를 아는 것은 단지 '나의 선택'만을 위해 중요한 것은 아니다. 사회의 다른 구성원들이 무엇을 공부하는지 아는 것도 매우 중요한 일이다. 사회의 범위가 지구촌으로 확대되고 있는 지금, 나의 이웃들이 무엇에 관심을 가지고 공부하고 있는가를 아는 것은 우리 모두의 공동 번영을 위해 필수적일 수밖에 없다. 이런 경향을 반영하듯 각 학문들은 서로의 분야를 넘나들며 융합되고 있고, 대학에서 한 가지 전공만을 공부한다는 것은 이제 지난날의 일이 되었다. 사회에서 요구하는 인재상도 멀티플전공으로 바뀌고 있다. 우리가 자신만의 전문성을 가지되 다양하고 폭넓은 공부를 해야 되는 이유가 여기에 있다.

〈나의 미래 공부〉시리즈 Map of Teens는 이러한 시대적 요청에 충실하면서도, 수많은 학문들의 내용을 자세히 들여다 볼 시간이 없는 독자들을 위해 각 분야의 핵심을 한눈에 알아볼 수 있도록 요약하려고 느력하였다. 여기에는 각 해당 분야 전공자들의 많은 노력이 숨어 있다. 오랜 시간 축적돼온 각 학문의 내용들과 새롭게 추가되는 연구 성과들을 가능하면 우리 실생활과 연관시켜 쉽고 재미있게 설명하기 위해 고심한 필자들의 노고에 감사드린다. 이 시리즈가 중·고등학생들이 미래를 찾아가는 학문 여행에 꼭 필요한 지도가 되길 바라며, '나만의 미래 공부'를 찾아 여행을 떠나보자.

2008년 5월
시리즈 기획위

4 5

국문학 | 영문학 | 중문학 | 일문학
문헌정보학 | 문화학 | 종교학 | 철학
역사학 | 문예창작학

여행을 떠나기 전
학과 지도를 펼쳐보자

세상은 넓고 학과는 많다.
학과에 대한 호기심과 나에 대해 알아보려는 의지만 있으면 여행 준비 끝!
자, 이제부터 나의 미래를 찾기 위해 힘차게 떠나보자!
놀라운 학과 세계와 지적 모험이 여러분을 기다리고 있을 것이다.

심리학 | 언론홍보학 | 정치외교학 | 사회학 | 행정학 | 사회복지학 | 부동산학 |
경영학 | 경제학 | 관광학 | 무역학 | 법학 | 행정학

예체능계열

영화학 | 음악학 | 디자인학 | 사진학 |
무용학 | 조형학 | 공예학 | 체육학

교육계열

교육학 | 교육공학 | 유아교육학 | 특수교
육학 | 초등교육학 | 언어교육학 | 사회교육
학 | 공학교육학 | 예체능교육학

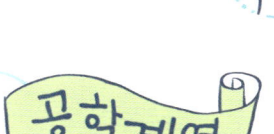

공학계열

생명공학 | 기계공학 | 전기
공학 | 컴퓨터공학 | 신소재
공학 | 항공우주공학 | 건축
학 | 조경학 | 토목공학 | 제
어계측학 | 자동차학 | 안경
광학 | 에너지공학 | 환경공
학 | 화학공학

의약계열

의학 | 한의학 | 약학 | 수의학 | 치의학 | 간
호학 | 보건학 | 재활학

물리학 | 화학 | 천문학 | 수학 | 통계학 | 식품
영양학 | 의류학 | 지리학 | 생명과학 | 환경과
학 | 원예학

자연계열

법학은 세상과 호흡하고 마주하는 생동감 넘치는 학문이다!

법학, 법학도, 법조인이 가지고 있는 이미지는 대개 추레한 복장을 하고 산처럼 쌓여 있는 책을 읽는 고시생이나, 근엄한 복장을 하고 법정에 앉아 있는 법관, 악과 타협하지 않고 정의를 실현하는 검사 정도가 될 것이다. 하지만 법학이라는 학문은 실제로는 매우 역동적이고 생동감 넘치는 학문이다. 법학은 인간 세상에서 일어나는 모든 일을 그 대상으로 하는 학문이며, 그 세상의 일들을 어떻게 하면 보다 체계적이고 논리적으로 처리하고 해결할 것인지를 고민하는 학문이다. 그렇게 법학은 세상과 호흡하고 세상 사람들과 직접 마주한다.

이 책에서 법학이 얼마나 흥미진진하고 역동적인 학문인지를 보여주려고 노력했다. 그래서 법학의 기본원리를 체계적으로 설명하는 데 가장 큰 주안점을 두었다. 신문의 '생활법률코너'나 TV프로그램 등에서 생활법률 사례들의 결론을 흥미롭게 알려주긴 하지만, 법학이 어떤 학문인지를 가르쳐주는 것은 아니다. 우리는 이 책을 통해 단편적인 법률지식을 전달하기보다 법학의 기초적인 원리를 설명해, 법학의 본질을 보여주고자 했다.

그래서 조금 딱딱하고 어려울 수도 있지만, 법학이 어떤 학문인지를 알려주는 데 훨씬 효과적일 것이라 확신한다.

책의 성격상 해당 부분에 일일이 인용표시를 하진 않았지만, part 1, 3의 전반적인 구성과 체계는 〈법학입문〉(이상돈 저)에 그 근간을 두고 있고, part 2는 〈새로 쓴 법이론〉(이상돈 저)의 핵심 내용이 그 기초가 되었다. 이 책의 내용을 좀 더 심화해서 공부하고 싶다면 이 두 권의 책을 참조하면 좋을 것이다.

이 책의 집필에는 많은 분들의 도움이 있었다. 먼저, 각 분야에서 바쁘게 일하는 와중에도 인터뷰에 응해준 법대 졸업생들에게 감사드린다. 모두들 자신들의 생생한 경험을 바탕으로 성실하게 인터뷰해 준 덕분에 책의 내용이 한결 알차게 구성될 수 있었다. 처음의 거칠었던 원고가 지금의 모습을 갖추게 된 것은 지구촌 곳곳에서 도움을 준 후배 학자들 덕분이다. 미국 하버드 대학 옌칭연구소의 이소영 석사는 법과 관련된 문학작품과 영화를 선정하고 집필하는 데 도움을 주었다. 고려다학교 대학원의 정구태 석사는 책을 처음부터 끝까지 세심하게 읽고 책의 전반적인 내용에 대한 유익한 조언을 아끼지 않았고, 영국 옥스퍼드 대학 대학원의 오영걸 석사는 계약법과 불법행위법 부분을, 프랑스 파리 1대학 대학원의 김현정 석사는 국제법 부분을 꼼꼼하게 읽고 몇 가지 오류를 바로 잡아 주었다. 모두에게 감사드린다.

2008년 10월
저자 이상돈, 홍성수

CONTENTS

법조인이 되기 위한 관문!
로스쿨 vs. 사법시험

법조인들의 생생한
현장 이야기

교수님들의 학문 이야기 … 238

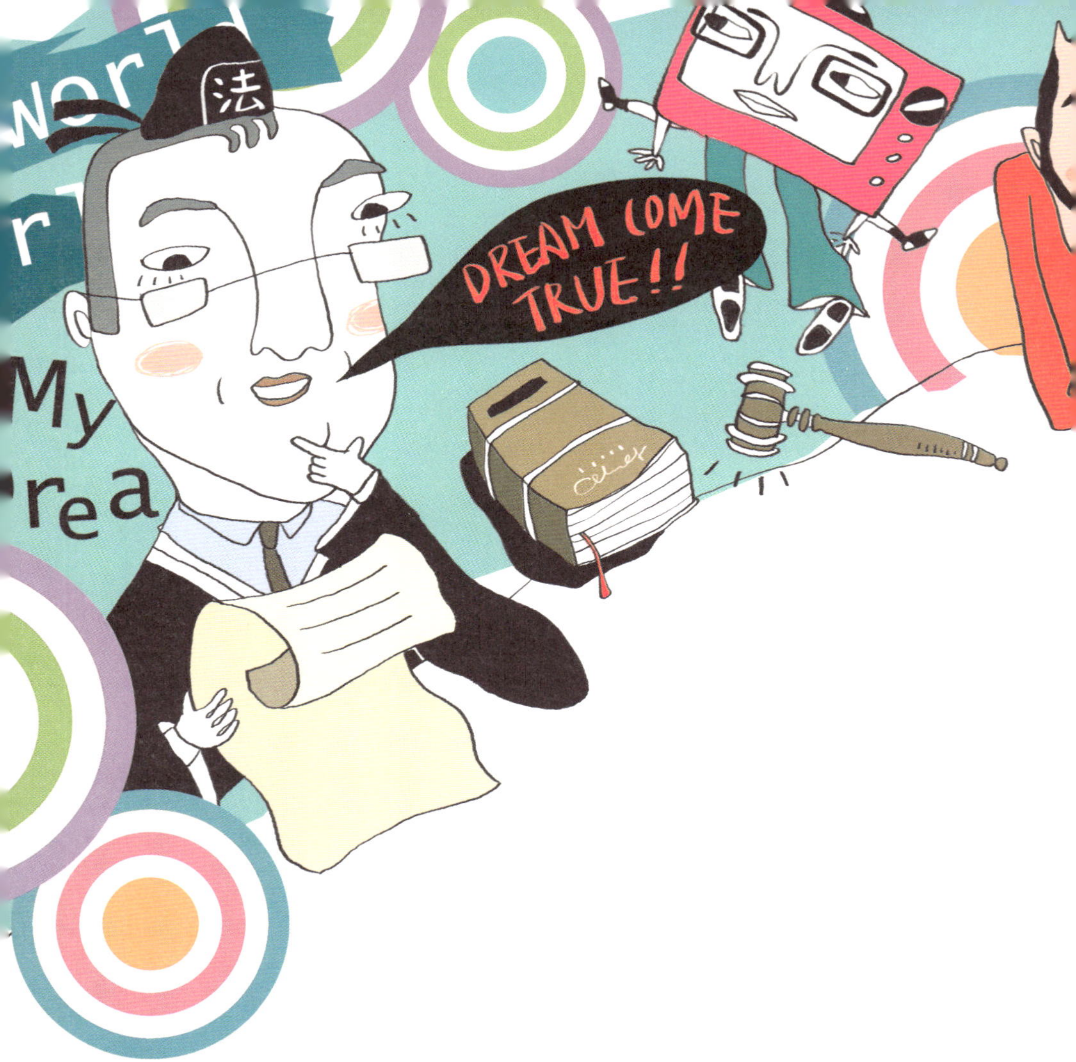

법학 여행을 위한
안내서

법이란 무엇일까?

시대가 변하면서 '법'이란 말을 일상생활에서 쉽게 들을 수 있게 되었다. 자동차 사고가 나거나, 사소한 시비가 붙어도 '법대로 하자'라는 말을 '밥 먹자'처럼 자연스럽게 하는 세상이다.

또 인터넷이 발달하면서 개인 정보가 유출되는 사건도 발생하게 되었다. 혼자서 큰 기업을 상대로 소송을 하기란 어렵다. 하지만 개인들이 십시일반 힘을 모아 대규모의 시민 소송을 벌이는 등 적극적으로 자신의 권익을 찾기 위해 노력하고 있다. 이처럼 법은 누구나 쉽게 접하고, 이용할 수 있는 대상으로 변모하고 있다.

그렇다면 법이란 무엇일까? 물론 사람마다 다양한 생각이 있고, 시대에 따라 수많은 세계관이 발전해 온 것처럼, 법이 무엇인지에 대해서도 다양한 관점에 따라 수많은 답이 나올 수 있다. 그러나 일반적으로 법의 개념은 세 가지로 정의할 수 있다.

첫째, 법은 사람들의 공동생활을 규율하고, 사람들 사이의 분쟁과 갈

법학 여행을 위한
안내서

등을 해결하는 규범이다. 여러 사람이 공동체를 이루어 함께 살다 보면 분쟁과 갈등이 있을 수밖에 없다. 만약 공동체생활을 규율하기 위한 일정한 규칙이 마련되어 있지 않다면, 인간의 삶은 극도로 불안정할 것이다. 그래서 공동체생활의 안정을 추구하기 위해 분쟁해결의 절차를 미리 합의할 필요가 있는데, 그 규칙이 바로 법이다.

둘째, 법은 합법적으로 제정되고, 조직화된 국가공동체에 의해 집행되는 규범이다. 공동체생활에서 분쟁을 해결하기 위한 규칙은 사회, 도덕규범에서도 발견된다. 예를 들면, 계모임이나 동창회 같은 곳에서도 그 공동체를 규율하기 위한 규칙이나 약속은 존재한다. 그러나 자연적으로 형성되거나 암묵적으로 합의되기도 하는 사회, 도덕규범과는 달리, 법은 형식적이고 공식적인 절차에 따라 제정된다는 특징이 있다.

예를 들어 헌법을 개정한다고 하자. 제안(국회재적의원 과반수 또는 대통령 발의), 공고(20일 이상), 국회 의결(공고로부터 60일 이내, 3분의 2이상 찬성), 국민투표(국회통과 후 30일 이내, 과반수 이상 찬성), 공포(대통령)라는 일련의 과정을 거쳐야 한다(헌법 128~130조). 이러한 복잡하고 엄격한 절차를 거치지 않으면 헌법은 개정될 수 없다. 이렇게 제정된 법은 조직화된 국가공동체의 힘에 의해 강제적으로 시행된다.

홉스가 말한 "인간은 인간에 대해 늑대"인 자연 상태에서는 분쟁의 해결이 각각의 자연인에게 맡겨져 있었다. 따라서 갈등과 분쟁이 끊임없이 계속되었다. 하지만, 국가와 법이 지배하는 사회에서는 무력의 사용이 국가에게 완전히 위탁되어 있고, 분쟁이 생길 경우 강력한 공권력을 가진 국가가 그것을 강제적이고 효과적으로 해결해 준다.

예컨대, '거짓말을 하면 안 된다' 라는 도덕규범을 어겼을 경우, 사회적 비난을 받거나 부모님께 야단을 맞을 수 있지만, 국가공권력에 의해 제재를 받지는 않는다. 하지만 가짜 골동품을 팔아서 재산상의 이득을 챙긴다면 상황이 달라진다. 사기죄에 해당되어 공권력에 의해 체포되어 형사처벌을 받게 된다. 이처럼 법은 사회, 도덕규범과 달리 엄격한 절차를 통해 만들어지며, 국가권력에 의해 강제적으로 집행된다.

셋째, 법은 '정의(justice)'를 실현하는 규범체계다. 우리는 흔히 법을 정의와 연결시키는데, 그것은 법이 '정의의 실현'이라는 고유의 과제를 가지고 있기 때문이다. 법은 기본적으로 강제성을 가진 약속이지만, 그 내용이 정의로워야 한다. 반대로 생각해 보면, 정의롭지 못한 법은 법이 아니라는 결론으로 치닫게 될 수도 있다. 예컨대, 과거 권위주의 정부 시절에는 긴급조치라는 헌법상 특별조치가 있었다.

긴급조치 1호는 헌법을 부정·비방하거

나 헌법의 개정·폐지를 주장하는 행위, 유언비어를 날조·유포하는 일체의 행위를 금하고, 이를 위반하는 자와 이 조치를 비방하는 자는 법관의 영장 없이 체포, 구속하고, 15년 이하의 징역에 처하게 하였다. 또한 이를 위반한 자는 비상군법회의에서 심판·처단할 수 있게 하였다.

긴급조치 1호는 대한민국 헌법에 따른 합법적 절차에 따라 발효되었고, 공권력에 의해 그 구속력이 확보되었다. 즉, 앞에서 설명한 법 개념의 첫 번째와 두 번째 요소는 충족되는 것이다. 하지만, 국민의 자유와 권리를 과도하게 제한한다는 점에서 그 내용이 정의롭지 못하다고 할 수 있다.

그렇다면 내용이 정의롭지 않은 법도 과연 법이라고 할 수 있을까? 앞의 논의를 좀 더 간단하게 축약해 보자.

법 개념의 구성요소에는 '국가에 의해 강제적으로 관철되는 규칙'과 '정의를 실현하는 규범체계'가 있다. 흔히 전자를 합법성, 후자를 정당성이라고 부른다. 이 두 가지 이념이 모두 실현될 대 우리는 그것을 법이라고 부를 수 있다.

그런 점에서 독일의 유명한 법철학자 라드브루흐는 법의 세 가지 이념으로 평등(좁은 의미의 정의), 합목적성(사회정의나 공공복리 등), 법적 안정성(법적 평화)을 제시하고, 이것이 동시에 충족될 때만 그것을 정의로운 법이라고 부를 수 있다고 주장하였다.

그리고 라드브루흐는 만약 어떤 법이 실정법으로서 합법적으로 제정되어 강제적 효력을 발휘하고 있더라도, 그것이 참을 수 없을 정도로 부정의(不正義)한 경우에는 법으로 인정될 수 없다고 강조하였다. 즉, 부정의한 법은 법이 아니라는 것이다. 여기서 합법적으로 제정되어 효력을 가진 법이라도 그것이 부정의할 경우 그것에 불복종하고 저항할 수 있는 권한을 갖는다는 시민불복종론이 도출되기도 하였다.

이에 대해 법학의 두 사조는 법의 개념에 대해서 각기 다른 견해를 제시하고 있다. 먼저 자연법론 진영에서는 정의를 상대적으로 우선시하고, 실정법이란 결국 자연법적 정의를 실정화한 것에 불과하다고 주장한다. 따라서 자연법은 언제나 실정법에 우선한다는 것이다.

반면 법률실증주의 진영에서는 법이 실정법으로 제정되어 효력을 가지고 있다면 법으로서 부정할 수 없다고 주장한다. 이 진영에서는 자연법적 정의를 부정하며, 시민불복종도 정당화될 수 없다는 입장을 취한다.

법률용어사전
자연법(自然法)은 자명하고 당연히 옳다고 생각되는 이념이다. 예컨대, 우리는 '사람을 살해하면 안 된다'라는 규범을(실정법 이전에) 당연히 옳다고 생각하고 있다. 이러한 것이 바로 자연법이다. 물론 이러한 내용은 실정법에서도 규정할 수 있다. 실제로 자연법과 실정법은 서로 겹치는 부분이 많다.

앞에서 우리는 법을 엄격한 절차에 의해 만들어지고, 강제적 효력을 가진, 내용이 정의로운 규범이라고 정의했다. 여기서 엄격한 제정절차를 준수했는지, 강제적 효력을 가지고 있는지는 비교적 쉽게 판단할 수 있지만, 그 내용이 정의로운지를 판단하는 것은 매우 어려운 일이다.

따라서 법이 무엇인지에 대해 답하기 전에 법적 정의가 무엇인지가 문제가 된다. 특히 현대사회가 점점 복잡해지고 다원화됨에 따라 정의의 내용을 명확히 하기 어려워졌다.

예를 들어 종교의 자유를 보장해야 한다는 것은 당연히 법적 정의라고 생각하겠지만 실제 현실에서 이 문제는 그리 간단치 않다. 예컨대, 이슬람교를 믿는 학생이 차도르를 쓰고 등교하는 것은 정당할까? 그것을 금지하는 교사의 명령은 정당한 것일까? 만약 교사가 차도르를 쓰고 수업에 들어온다면 어떠한가? 그것은 교사의 종교적 자유의 영역인가, 아니면 학생들의 종교적 자유를 침해한 것일까? 실제로 이 문제는 유럽에서 심각하게 논쟁이 되었던 사례다.

다문화 사회로 진입하고 있는 우리나라에서도 비슷한 논쟁이 벌어질 가능성이 높다. 다양한 문화적, 종교적 배경을 가진 민족들이 세계 각국으로 자유롭게 이주하면서 각 문화와 종교가 충돌하게 되었다. 이로써 종교에 관한 정의를 찾는 것이 더욱 어려워졌다.

생활이 어려운 사람들에게 국가가 최소한의 생활을 영위하기 위한 경제적 지원을 해줘야 한다는 것은 누구나 동의할 수 있을 것이다.

지난 1999년 〈국민기초생활보장법〉을 제정하여 생활이 어려운 자에게 필요한 급여를 지급하여 이들의 최저생활을 보장하고 있다. 그런데 이 법에 따르면, 보건복지가족부 장관이 국가 최저생계비를 결정, 공표하도록 되어 있다(6조). 여기에서 최저생계비가 어느 정도가 되어야 적당한지가 문제가 된다.

과연 어느 정도의 생활비가 지급되어야 최저생계를 보장한다고 할 수 있을까? 단순히 먹고 자는 비용만 제공하면 충분할까? 여름에도 뜨거운 물이 나와야 할까? 한 달에 영화 한 편 정도는 봐야 하지 않을까? 이것만이 아니다.

최저생계비는 지역에 따라 다를 수 있고, 한 부모 가구, 장애인 가구 등 가구별 특성에 따라 천차만별이다. 즉, 최저생계비가 어느 정도 수준이어야 '정의롭다' 라고 할 수 있는지 결정하는 것은 매우 어려운 일이다.

이것은 인간의 삶이 점점 복잡해지고 다원화되면서 어떤 단일한 가치로 정의를 세우는 것이 거의 불가능해졌기 때문이다. 과거의 자연법적 정의는 '사람을 살해하지 마라', '다른 사람을 폭행하지 마라', '남의 물건은 훔치지 마라' 등 비교적 단순한 내용이었고, 그 내용에 합의하는 것은 어려운 일이 아니었다.

또한 과거에는 종교에 대한 기준이나 최저생계비의 기준을 정하는 것도 어렵지 않았을 것이다. 그때는 사람들의 공동체가 국제이주로 인해 다원화되어 있지도 않았고, 인간의 삶의 형태도 단순했기 때문이다. 하지만 현대사회가 복잡해지고 다원화되면서 정의의 내용을 확정 짓는 것이 점점 어려워졌다. 이것은 정의뿐만 아니라 '법이란 무엇인가?'에 답하는 일도 어려워졌음을 말한다.

인간의 삶이 점점 복잡하고 다원화되면서 어떤 단일한 가치로 정의를 세우는 것이 거의 불가능해졌다.

정의 실현을 꿈꾸는
꿈의 마법사, 법률가

우리 사회의 법에 대한 의존도는 점점 더 커지고 있다. 하지만 다원화되고 복잡해진 현대사회에서 법이 많은 임무를 달성하는 것은 어렵다. 물론 아무리 정의의 기준이 복잡해진다고 해도, 그것을 법에 자세하게 규정하는 것이 기술적으로 어느 정도는 가능하다. 예를 들면 최저생계비를 결정하는 기준을 아주 세부적으로 정할 수 있다. 지역에 따라 다른 기준을 적용하고, 수백 가지 가구 형태를 모두 감안하여 각기 다른 기준을 정해서 법으로 규정할 수 있다.

하지만 이러한 시도에는 한계가 있을 수밖에 없다. 일단 아무리 세세한 기준을 정해도 끊임없이 진화하는 사회변화의 속도를 따라잡을 수가 없다. 예컨대, 가구 형태의 수가 증가하는 속도를 법이 따라갈 수는 없다. 또한 사회구성원들의 가치 판단이 제각기 다른 다원화사회에서 그들을 모두 만족시키는 통일적 기준을 마련한다는 것은 여전히 어렵다. 이것은 단지 기준을 세부적으로 마련한다고 해서 해결될 문제가

아니다.

그렇다면 이러한 문제를 해결할 수 있는 방법은 없을까? 보다 많은 사람이 동의하고, 수용할 수 있는 법적 정의를 찾을 수 있을까? 다원화되고 복잡화된 현대사회에서 정의로운 법적 기준을 제시한다는 것은 과연 가능할까? 아마 이 문제의 답을 찾기 위한 노력은 인류가 존재하는 한 영원히 계속될지도 모른다. 법을 공부한다는 것도 결국 이 문제의 답을 찾는 일이다.

즉, 법률가들이 하는 일이란 단순히 판례와 법전을 뒤져, 실정법적 해결방법이 무엇인지를 기술적으로 습득하는 것에 그치지 않는다. 법률가들은 어떻게 하면 인간 공동체를 규율하는 정당한 규범체계를 찾을 수 있는지를 끊임없이 성찰해야 한다. 또한 그들은 매우 고통스러운 순간에 직면할 수도 있다.

법전에 쓰인 문구를 단순히 적용하는 것을 넘어, 우리 공동체의 정의를 찾기 위해 무엇을 해야 하는지를 고민해야 하기 때문이다. 때로는 어떤 사람에게 엄청난 배상금을 물리거나 심지어 사형을 선고하기도 한다. 하지만 그러한 어려움만큼이나 매력 있는 일이 바로 법을 공부하는 것이다. 역설적으로 법이 정의 실현의 과제를 가지고 있기 때문이다.

물론 법률가가 되기 위해서는 방대한 법률지식과 인접 학문의 지식을 습득해야 하는 지루한 학습 과정이 필요하다. 또한 법학의 공부량이 많다는 것도 어느 정도는 사실이다. 복잡한 개념들로 가득 찬 법전, 교과서와 씨름해야 하고, 숙지해야 할 판례와 법이론도 엄청나게 많다. 그 많은 것들을 자유자재로 활용하기 위해서는 기술적인 훈련도 불가피하다. 하지만 법학의 목표는 결코 '법률기술자'를 양성하는 것에 있지 않다. 법률가들의 일은, 인간의 삶과 공동체에 대한 깊은 이해를 바탕으로, 인간들이 서로 공존하며 살아갈 수 있는 방법과 절차를 찾아내는 것이기 때문이다. 법학교육 역시 그러한 사람들을 양성하는 데 그 목표가 있다.

법률용어사전
판례(判例)란 법원에서 동일하거나 비슷한 소송 사건에 대하여 행한 이전의 판결, 즉 재판의 선례(先例)를 가리킨다. 법원의 판결을 가리키는 말로도 사용된다.

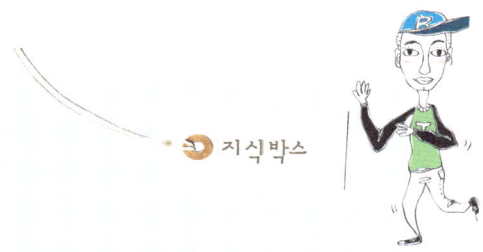

국제법도 법일까?

국제법은 국제사회에서 국가 간의 권리와 의무, 그리고 국제기구에 관한 법을 통칭한다. 물론 법과대학에서 국제법을 가르치고 있지만 국제법이 과연 법인지에 대한 의문이 제기될 수 있다.

국제법은 조직화된 국가권력에 의해 강제적으로 관철되는 규범이라고 보기 힘들기 때문이다. 실제로 국가단위로 조직화되어 있는 법 공동체와는 달리, 국제법 공동체는 아직 조직화된 공동체라고 하기는 어려운 수준이다. 무엇보다 국제법 규범의 강제적 이행을 담당할 수 있는 초국가적 중앙기구는 아직 없다. 물론 국제연합이나 국제사법재판소가 이런 유사한 권한을 가지고 있으나 UN총회의 결의조차도 권고적 효력밖에는 인정되지 않는다. 또한 국제사법재판소도 판결을 내릴 수 있을 뿐, 그 판결을 강제로 집행할 수 있는 권한은 없다. 세계무역기구도 이 기구의 분쟁당사국에 대해 권고와 결정을 할 수 있지만, 그것을 이행하지 않을 경우 강제 집행할 권한은 가지고 있지 않다. 대신, 국제무역법 규범을 준수하는 것은 조직화된 국제 중앙기구가 아닌 개별국가의 보복에 의해 이루어진다 이른바 '무역 보복'을 통해 국제규범을 어긴 국가를 개별적으로 제재하는 것이다. 이런 이유에서 국제법이 진정한 의미에서 법이 아니라는 의문을 제기하는 사람도 있다.

영화로 보는 재미있는 법 이야기

법과 정의의 문제를 영화를 통해서 접근해 보는 것은 매우 흥미로운 일이다. 영화는 문제를 법적으로 정교하게 다루고 있진 않지만, 보다 깊은 문제의식과 성찰의 기회를 제공해 준다. 자, 이제부터 법을 다룬 영화에 대해 알아보자.

사형제도에 대한 고찰

『데드 맨 워킹』팀 로빈스 감독, 수잔 서랜든 · 숀 펜 주연

사형수와 수녀와의 일화를 통해 사형제도의 정당성을 되짚어 보게 하는 영화다. 사형수 매튜는 극악무도한 범죄를 저지른 살인범이고, 헬렌 수녀는 그런 그를 믿음과 구원의 길로 인도하고자 노력한다. 두 주인공과 피해자의 가족들은 서서히 용서와 화해의 길로 나아가지만, 매튜는 피도 눈물도 없는 법 앞에서 '사형'을 피할 수 없게 된다.

매튜가 저지른 잔인한 살인 장면과 그가 사형대에 오르는 장면이 번갈아 반복되면서 영화는 우리에게 과연 이 살인범을 사형시켜야 하는지, 사형제도는 정당한 것인지를 진지하게 묻는다. 사형문제를 다룬 우리 영화도 있다. 공지영의 소설을 영화화한『우리들의 행복한 시간』도 사형제도에 대해 생각해 볼 수 있는 좋은 자료가 될 것이다.

진실 규명을 위한 변호사의 분투기

『시빌 액션』 스티브 자일리언 감독, 존 트라볼타 주연

실제 법정에서 다루어졌던 소송사건을 다루고 있는 영화다. 미국의 한 마을에서 산업폐기물에 의한 오염이 발생하고, 그 마을의 백혈병 사망률이 갑자기 증가한다. 그 과정에서 아이를 잃은 아버지 앤더슨은 마을에 위치한 한 공장이 사고의 원인임을 의심하고, 법률사무소의 슐리츠먼에게 사건을 의뢰한다.

상대 공장의 변호를 맡은 대형 법률사무소의 패처는 합의를 통해 사건을 종료시키려고 하지만, 앤더슨은 책임규명이 더 중요하다며 합의를 거부한다. 마을주민이 대부분 공장의 직원이었기 때문에 증인을 내세우는 데 어려움도 많고 증거자료를 수집하는 것도 쉽지 않다.

하지만 변호사 슐리츠먼은 자신의 인생을 걸고 이 사건에 도전한다. 이 영화는 양 당사자가 치열하게 다투는 민사소송의 진수를 보여주고 있다. 당사자들과 양쪽 변호인들의 입장이 묘하게 엇갈리는 장면도 음미해 볼만하다. 또한 거대기업이 의뢰한 대형 법률사무소의 화려한 변호인들과 힘없는 소시민이 의뢰한 소규모 법률사무소의 시골 변호인들의 대립은 영화를 더욱 극적으로 만들고 있다.

죄수들의 인격에 대해 생각하게 하는 영화

『쇼생크 탈출』 프랭크 다라본트 감독, 팀 로빈스 주연

은행에서 일하던 앤디 듀프레인은 살인 누명을 쓰고, 쇼상크

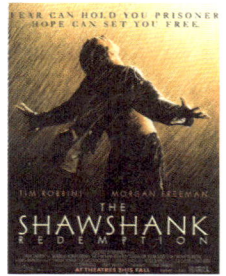

교도소에 투옥된다. 이 영화의 백미는 물론 마지막의 극적인 반전이 이루어지는 장면이지만, 법을 공부하는 사람의 입장에서 눈길이 가는 것은 실감나게 그려진 교도소의 모습이다. 교도관들은 죄수들을 말 그대로 '죄인 취급' 한다. 교도관의 구타와 욕설은 교도소의 일상이다. 교도소의 시설이나 음식도 정말 형편없는 수준이다. 이러한 참혹한 삶의 공간 속에서, 죄수들은 서로 싸우기도 하고 우정을 나누기도 하면서 나름대로의 삶을 만들어 나간다.

그런데 죄수들에게 쇼생크에서와 같은 최악의 삶을 강요하는 것은 과연 옳은 일일까? 그들은 교도소에서 그런 대우를 받으며 교화될 수 있을까?(형벌목적으로서의 특별예방) 그들이 교도소에서 최악의 대우를 받고 있다는 사실이 교도소 밖의 사람들에게 경계심을 불러일으켜 범죄예방에 기여하게 될까?(형벌목적으로서의 일반예방) 아니면 그들은 그저 자신의 죗값을 치르고 있는 것뿐일까?(응보주의) 이 영화를 통해 우리는 다양한 문제를 생각해 볼 수 있다.

대기업을 상대로 환경소송을 벌인 마을 주민들의 이야기

『에린 브로코비치』 스티븐 소더버그 감독, 줄리아 로버츠 주연

시빌액션과 마찬가지로 이 영화도 실화를 바탕으로 제작되었다. 이 영화는 미국 캘리포니아 주 케틀먼의 주민과 공장 근로자 등이 폐암 등 질병을 유발하는 독성 물질을 배출한 공장을 대상으로 소송을 제기한 사

법학 여행을 위한 안내서

건을 배경으로 한다. 주인공인 에린 브로코비치(줄리아 로버츠)는 한 법률회사의 어수룩한 조사관이지만, 중요한 증거를 찾아내는 데 성공하여 소송에서 승리하는 데 결정적인 역할을 하게 된다.

영화는 브로코비치의 활약을 박진감 넘치게 그려내고 있다. 흔히 변호사는 근사한 사무실에서 문서를 처리하거나 법정에서 화려한 화술로 변론한다고 생각하지만, 브로코비치처럼 직접 발로 뛰면서 증거를 수집하고 증인을 확보하는 것도 변호사가 하는 일의 중요한 비중을 차지한다.

비정상적인 것에 대한 법적 보호를 생각하게 하는 영화

『가족의 탄생』 김태용 감독, 문소리 · 고두심 주연

이 영화는 이른바 아버지─어머니─아이로 구성된 정상적인 가족 대신 비정상 가족의 모습을 그리고 있다. 게다가 그 가족들은 사고를 수습하는 과정에서 탄생한다. 남자들은 사고를 치고, 여자들은 사고를 수습하며 유쾌한 가정을 꾸려 나간다. 동성애에 대한 문제나 혈연관계에 대한 우리의 관념을 흔들어 놓는 장면도 등장한다. 기존의 고정관념에 자유롭지 않은 사람에게는 계속 머리가 지끈거리고 생각을 혼란케 하는 장면들의 연속이다.

우리 법은 이른바 정상 가족을 법제화하여 보호하고 있지만, 비정상 가족에 대해서는 말 그대로 비정상적인 것으로 간주하여 법적 보호를 하지 않는다. 보편적인 것을 보호하는 법에는 언제나 특수하고 비정상적인 것이 사각지대로 남

겨져 있기 마련이다. 법학을 공부하는 사람에게 이 문제는 결코 피할 수 없고 피해서도 안 되는 현실이다.

약자의 증언과 고발에 귀 기울이게 하는 영화

『천상의 소녀』 세디그 바르막 감독, 마리나 골바하리 주연

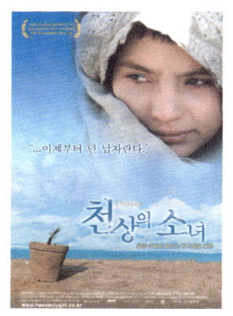

여성은 일을 해서도 안 되고 혼자서 외출할 수도 없는 탈레반 체제에서, 집안에 남자가 없는 소녀네 일가는 굶어 죽을 수밖에 없다. 외할머니와 어머니는 생각다 못해 어린 딸의 머리칼을 잘라, 사내아이로 분장시킨다. 이것이 영화 『천상의 소녀』의 주요 소재다.

남장소녀가 남학교를 다니며 겪는 에피소드들은 순정만화에 나올법한 소재지만, 생존을 위해 어쩔 수 없이 남장을 하고 여자임을 들키면 죽임을 당하는 소녀들의 에피소드들은 그렇게 낭만적이지 않다.

이 영화가 현실로 다가오는 것은 주인공을 비롯한 연기자들이 연기수업을 받지 않은, 그 현실을 체감해 온 현지 아이들이란 점도 크게 작용한다. 법학을 공부하다 보면 자연스럽게 강자의 편에 서게 되는 경우가 많다. 그래서 이러한 영화 속의 증언과 고발에 귀를 기울여 보는 것은 법학을 공부하는 사람에게는 더욱 중요한 일이다.

법적 대우 이전에 다양한 삶 자체를 생각하게 하는 영화

『천하장사 마돈나』 이해영 · 이해준 감독, 류덕환 주연

주인공 동구는 긴 생머리에 가냘프고 여성스러운 모습을 한 전형적인 트랜스젠더가 아니다. 가녀린 목소리도, 과장된 여성 코드의 행동들도 하지 않는다. 이렇게 영화는 트랜스젠더에 대한 고정관념을 흔든다. 그리고 우리가 어느 정도 관용을 베풀어 온 트랜스젠더 현상 역시, 성 이데올로기와 ㅁˊ의 전형성, 상업화에 이미 채색된 것임을 고발한다.

동구는 자신이 예쁜 여자가 못 될 거라는 걸 알면서도 성전환 수술을 포기하지 않는다. 큰 덩치로 씨름을 하는 동구가 여성이 되길 꿈꾼다는 설정이 코믹하지만, 우리는 점점 그 웃음이 얼마나 폭력적인지를 느낄 수 있을 것이다. 그들의 삶을 함부로 재단해 보기 전에, 이 영화를 통해 그들의 삶 자체에 관심을 가져보는 게 어떨까? 그들에게 어떤 법적 대우가 합당할 것인지 고민하는 것은 그다음 문제일지도 모른다.

그 외에도 『열두 명의 성난 사람들』, 『필라델피아』, 『어 퓨 굿 맨』, 『아버지의 이름으로』, 『레인메이커』, 『피고인』, 『단지 그대가 여자라는 이유만으로』, 『크레이머 대 크레이머』, 『의뢰인』, 『야망의 함정』, 『펠리컨 브리프』, 『일급 살인』, 『JFK』, 『폭로』, 『데블스 애드버킷』 등이 있다.

교수님과 함께 떠나는
법학 여행

법학은 기술일까?
학문일까?

법이란 합법적으로 제정되며, 구속력을 가진, 내용적으로 정의로운 규범이라고 말했다. 여기에는 법의 제정과 해석이 관련되며, 이 과정에서 법학과 법률가의 역할은 매우 중요하다. 하지만 현실적으로 법학이 연구하고 법률가들이 행하는 일의 대부분은 이미 제정된 법을 사안에 적용하는 것이다. 그래서 어떤 사람들은 법률가들이 하는 일은 주어진 법에 사례를 적용하는 기술적인 일이라고 생각하기도 한다.

실제로 법에는 그러한 '기술적 측면'이 상당히 있다. 그래서 키르히만은 "입법자가 세 마디만 수정하면 도서관의 모든 법학서가 휴지로 되고 만다"라고 말하면서, 입법자가 정해 놓은 실정법을 기술적으로 해설하기만 하는 법학은 학문이 아니라며 힐난하기도 했다.

하지만 정의의 실현이라는 법의 과제는 법을 만드는 과정뿐만 아니라, 법을 구체적인 사례에 적용하는 과정에서도 수행되어야 한다.

다시 말해 정의는 입법자의 법률제정과정뿐만 아니라, 법적용자의 법

교수님과 함께 떠나는
법학 여행

률적용과정에서도 실현되는 것이다. 물론 입법자가 만든 법률은 법률을 해석하는 데 우선적으로 중요하다. 하지만 어떤 법률이 제정되었다고 해도, 그것이 현실에 적용되는 과정은 기술적이고 단순하지 않으며, 실제로 그 과정에서 수많은 가치판단의 요소들이 개입된다. 여기서 법학은 법을 적용할 때 어떻게 하면 합리적으로 가치판단을 할수 있을지를 탐구한다.

법학이 기술이 아니라 학문인 것은 바로 이 점 때문이다. 법률적용의 과정을 살펴보면 이러한 법학의 진면목이 잘 나와 있다.

법학은 법을 적용할 때 어떻게 하면 합리적으로 가치판단을 할 수 있을지를 탐구한다.

법률적용의 기본공식, 법률적 삼단논법

법률적 삼단논법이란 무엇일까?

법률을 적용하는 것은 소위 '법률적 삼단논법'에 의해 이루어진다. 법률적 삼단논법은 다음과 같은 과정으로 이루어진다.

① 대전제(법규범)

사람을 기망하여 재물의 교부를 받거나 재산상의 이익을 취득한 자는 10년 이하의 징역 또는 2천만 원 이하의 벌금에 처한다(〈형법〉 347조 사기죄).

② 소전제(사안)

A는 가짜 골동품을 진짜라고 속여서 B에게 판매했다.

③ 결론(법적 효과)

A는 사기죄에 해당하여 10년 이하의 징역 또는 2천만 원 이하의 벌금에 처한다.

법률의 적용이란 법규범을 대전제로 놓고, 사안을 소전제로 전제한

교수님과 함께 떠나는
법학 여행

뒤, 그 법규범이 그 사안에 적용될 수 있는지, 바꿔 달해 '그 사안이 그 법규범에 포섭되는지'를 판단하는 것을 말한다. 법률가는 바로 이 과정을 다루는 사람이다.

예컨대 A가 B의 노트북을 훔쳐간 사건이 있다. B는 변호사에게 상담을 의뢰한다. 변호사는 B에게 그 사건이 어떤 법규범에 포섭되는지를 알려주고, 어떤 법적 절차를 취해야 하는지 안내해 준다. 변호사의 안내에 따라 B는 A를 검찰에 고소한다. 검사는 해당 사건이 형법규범에 포섭되는지를 검토하여 수사를 개시하고 필요하면 소추한다. 검사는 법정에서 피고인 A의 행위가 절도죄라는 형법규범어 포섭되기 때문에 형벌을 받아야 한다고 주장한다. 이에 대해 A의 변호인은 A가 노트북을 훔쳐간 것이 아니라 잠시 빌려 쓰려고 했던 것이므로 절도죄에 포섭되지 않는다고 주장한다. 여기서 법관은 A으 행위가 절도죄 규정에 포섭되는지를 판단한다. 만약 포섭된다고 판단되면 그에 맞는 법적 효과, 즉 판결을 내린다.

여기 나온 모든 인물들이 모두 '그 사안이 그 법규범에 포섭되는지'를 다루고 있음을 알 수 있다.

한편 법률가들뿐만 아니라, 법에 근거하여 공권력을 집행하는 공무원들도 넓은 의미에서 법률의 적용과정에 참여한다.

예컨대 A는 음식점을 운영하려고 한다. A가 관할 관청에 음식점의 영업허가를 받기 위해 서류를 작성해 가지고 가면, 공무원은 그 신청이 영업허가를 위한 법적 요건에 부합하는지를 판단하여 허가 여부를 결정한다.

그 요건 중에는 조리장 시설이 '배수와 청소에 용이한 구조'여야 한다는 규정이 있다. 공무원은 여기서 A의 조리장 시설이 배수와 청소에 용이한 구조라는 요건에 '포섭'되는지 여부에 대한 '해석'을 통해 허가 여부를 결정하게 된다.

만약 A가 공무원의 해석에 동의하지 않는다면, 행정심판과 행정소송을 통해 이의를 제기하여 행정심판위원회나 행정법원에 그 해석의 정당성을 재검토해 달라고 요청할 수 있다.

마지막으로 법학자들도 법률적용 과정에 참여한다. 법학자들은 실무 법률가들처럼 실제 사안에 뛰어들어 그 해석 논쟁을 다투지는 않지만, 그것을 학문적으로 검토하고 그에 관한 비판적 토론에 참여하는 역할을 함으로써, 법률가들의 해석에 간접적인 영향을 준다.

법률용어사전
소추(訴追)란 형사사건에 관하여 소를 제기하고 이를 유지하는 것을 말한다. 우리나라에서는 검사가 소추권을 가지고 있다.

최적의 법규범을 찾아라!

어떤 사안을 법에 적용하기 위해, 법률가들이 가장 먼저 하는 일은 그 사안이 포섭될 수 있는 적당한 '법규범'을 찾아내는 것이다. 어떤 것이 적당한 법규범인지를 찾아내는 것도 법률가들의 중요한 전문 영역에 속한다. 법규범을 찾는다는 것 자체가 고도의 전문적인 능력을 요구하기 때문이다.

법규범은 왜 찾기 어려울까?

법규범 찾기가 어려운 첫 번째 이유는 법규범의 숫자가 엄청나게 많기 때문이다. 현대사회에서는 어느 나라나 실정법률의 숫자가 엄청나게 많고, 수시로 개정되고 새로 만들어진다. 하위법령까지 합친다면 그 숫자는 실로 어마어마할 것이다. 그래서 법학교육을 수년간 받은 법률가들조차도 해당 사안이 포섭될 수 있는 법률을 찾는 데 어려움을 겪기도 한다.

물론 정보처리기술의 발달로 판례나 법령 또는 법학 문헌을 찾는 것이 과거에 비해 용이해진 것은 사실이지만, 적당한 법규범을 찾는 것은 여전히 쉬운 일이 아니다. 그래서 적당한 법규범을 찾는 것 자체가 바로 법률가들의 전문적인 능력이라고 할 수 있다.

법규범 찾기가 어려운 두 번째 이유는 사안이 포섭될 가능성이 있는 법규범이 여러 개 발견되는 경우가 있기 때문이다. 먼저, 여러 법규범이 결합되어 적용되는 경우가 있다. 예컨대, 연 35%의 이자율로 친구에게 사채를 빌린 것이 불법인지를 알아보기 위해 관련 법규범을 찾아보면 〈이자제한법〉 2조 1항 "금전대차에 관한 계약상의 최고이자율은 연 40%를 초과하지 아니하는 범위 안에서 대통령령으로 정한다"라는 내용을 발견할 수 있다. 그런데 이 법에는 이자율은 대통령령으로 정한다고 했으니 다시 대통령령을 찾아봐야 친구의 사채 이자율이 불법인지를 알 수 있다. 대통령령인 〈이자제한법 2조 1항의 최고이자율에 관한 규정〉에서 "이자제한법 2조 1항에 따른 금전대차에 관한 계약상의 최고이자율은 연 30%로 한다"라는 내용을 찾을 수 있다. 즉, 〈이자제한법〉과 〈이자제한법 2조 1항의 최고이자율에 관한 규정〉이 결합하여 법률적 삼단논법의 대전제를 형성하는 것이다.

그런데 이처럼 법규범들이 어떻게 결합되어야 하는지가 친절하게 안내되어 있는 경우도 있지만, 그러한 명

시적 규정이 없음에도 불구하고 여러 법규범이 결합되어 적용되기도 한다.

예컨대, 상습적으로 폭행을 저지른 경우에 대하여, 〈형법〉 260조에서는 "사람의 신체에 대하여 폭행을 가한 자는 2년 이하의 징역, 500만 원 이하의 벌금, 구류 또는 과료에 처한다"라고 규정하고 있다. 〈이자제한법〉에서처럼 어떤 법령을 참조하라는 안내가 전혀 없다.

하지만 이 사안의 법률적 삼단논법의 대전제는 다른 법률과 결합되어 확정된다. 〈폭력행위 등 처벌에 관한 법률〉의 2조 1항에 따르면, 상습적으로 〈형법〉 260조 1항의 폭행죄를 범한 자는 1년 이상의 유기징역에 처하도록 되어 있기 때문이다. 이렇게 전체 법규범이 어떻게 구성되어 있는지를 알지 못한다면, 적당한 법규범을 찾는 데 실패할 수도 있다.

한편 여러 법규범이 경합하여 적용되는 경우도 있다. 즉, 두 개의 법규범이 있지만, 그중 하나만을 선택해야 한다. 예를 들어, 만취하여 운전을 하다가 사람을 치어 다치게 했다면, 〈도로교통법〉상 음주운전죄뿐만 아니라, 〈교통사고처리특례법〉의 업무상 과실치상죄에도 적용될수 있다. 〈형법〉 40조에서는 이렇게 형법규범이 경합하는 경우에 가장 중한 죄를 규정한 형으로 처벌하도록 하고 있다. 이 사안에 대해 〈도로교통법〉에는 운전면허가 취소되고, 2년 이하의 징역이나 500만 원 이하의 벌금에 처하도록 되어 있다. 반면 〈교통사고처리특례법〉에는 5년 이하의 금고 또는 2천만 원 이하의 벌금에 처하도록 되어 있다. 여기서는 보다 중한 형벌을 규정하고 있는 〈교통사고처리특례법〉이 적용된다.

법률용어사전
과실치상(過失致傷)이란 과실로 인하여 사람의 신체를 상해에 이르게 한 것을 말한다(〈형법〉 266조).

법규범 찾기에 실패한다면?

법규범 찾기에 실패한다면 어떤 결과가 빚어질까? 이 경우 형사법과 민사법은 서로 다른 결론에 도달하게 된다. 뒤에서 살펴보겠지만, 형사법에서는 엄격한 죄형법정주의 원리가 적용되기 때문에 적당한 형사법규범이 발견되지 않으면 법관은 법률의 적용을 포기해야 한다. 즉 무죄를 선고해야 한다. 예컨대, 지하철에서 미니스커트를 입은 20대 여성의 다리를 휴대전화 카메라로 찍은 사안에 대해 지난 3월 대법원은 무죄를 선고했다.

〈성폭력 범죄의 처벌 및 피해자보호 등에 관한 법률〉 14조의 2에 따르면, 카메라로 "성적 욕망 또는 수치심을 유발할 수 있는 타인의 신체를 그 의사에 반하여 촬영"하는 것을 처벌하고 있지만, 해당 사안은 성적 욕망이나 수치심을 유발할 수 있는 신체를 촬영한 것으로 보기 어렵다는 것이다. 즉, 사안이 해당 법률에 포섭되지 않는다는 판단이었다. 이렇게 어떤 행위가 어떤 형법에도 해당하지 않는다고 판단되

면, 법원은 무죄를 선고하고 법의 적용을 포기한다. 물론 그 행위가 여전히 도덕적 비난의 대상이 될 수는 있겠지만, 그 행위가 법률에 미리 정확하게 규정되어 있지 않으면 벌할 수 없다는 것이 형사법의 대원칙이다.

반면 사법의 영역에서는 법규범 찾기에 실패해도 적극적으로 법원리를 찾아내어 분쟁당사자 사이의 이익과 손해를 공평하게 조정하기 위한 기준을 만들어 낸다. 그래서 사법의 판례나 학설은 때로는 법률에 규정되지 않은 일반적인 법원칙을 형성하여 그것을 분쟁 해결의 기준으로 삼는 경우가 있다. 사법의 영역에서는 손해와 이익을 공평하게 조정하는 것이 목표이기 때문에, 법률이 없다고 해서 그 판결을 포기하는 것이 아니라, 최대한 관련된 일반원칙을 찾아서 어느 당사자의 손을 들어줘야 한다.

형법에서 법규범 찾기에 실패하여 국가가 해당 범죄자를 처벌하지 못한다는 것은, 시민에게 유리하고 국가에게 불리하게 작용된다는 뜻이다. 실제로 형법에서는 "의심스러울 때는 자유(피고인)의 이익으로"라는 법언이 존재한다. 기본적으로 형법은 국가와 시민이라는 불평등한 관계를 기반으로 하고 있고, 의심스러운 경우에는 국가보다는 시민이 유리하도록 그 기본원리를 짜놓았다.

즉, 적당한 법규범을 미리 제정해 놓지 않

은 책임은 국가가 져야 하며, 함부로 다른 규범을 원용하거나 유추적
용을 하면 안 된다. 반면 사법에서는 기본적으로 평등한 두 당사자를
대상으로 법원이 결정을 내리는 것이기 때문에 법원은 법규범 찾기에
실패해도 일반적인 법원리를 찾아내거나 최대한 비슷한 법원리를 찾
아내어 유추적용을 할 수 있다.

법률용어사전
죄형법정주의란 법률에 미리 범죄와 형벌이 규정되지 않은
경우에는 벌할 수 없다는 것을 말한다.

법률에 의해 재구성되는 사안

적당한 법규범을 찾은 다음에는 사안을 확정해야 한다. 그런데 이 과
정 또한 그리 간단치 않다. 예를 들어 A라는 사람이 B라는 사람에게
가짜 골동품을 진짜라고 속여 판매한 사건을 생각해 보자. 실제 사건
은 수없이 많은 사실들로 구성되어 있다.

A는 가짜 골동품을 진열장에서 꺼내 수건으로 조심스럽게 수차례 닦
았으며, 판매하는 과정에서 다른 고객에게 걸려온 전화를 한 차례 받
았다. 그리고 B에게 진짜 골동품임을 증명하는 위조된 증서를 보여주
고 진짜 골동품에 해당하는 가격으로 골동품을 판매했다. A는 카드는
받지 않는다며 B에게 현금을 받았고, 사은품으로 골동품 전문 잡지를
하나 주었다. 어떤 사실이 더 있는지 인간의 언어로는 완벽하게 나열

할 수 없다.

하지만 법정에서 이 문제가 다뤄진다면, 이 수많은 사실들 중 '법적으로 의미 있는 것'만 취사선택되어 사안으로 구성된다. 즉, 이 사건에서 형법상 '사기죄'의 성립 여부를 밝히기 위해서는 사기죄의 구성요건에 그 사건이 '포섭'되는지를 살펴보아야 한다.

사기죄가 성립하려면, "사람을 속여 재산상의 이득을 취한 자"라는 조문에 비추어 의미가 있는 데이터만 필요하다. 따라서 법적으로 의미 있는 데이터는 1)가짜 골동품을 진짜라고 속여서 고객이 속았고, 2)고객이 진짜 골동품 가격의 돈을 지불해서 골동품 판매상이 이득을 취했다는 사실뿐이다.

그 외에 사은품을 주었는지, 수건으로 골동품을 닦았는지 등은 사안을 구성하는 데 불필요하다. 사안은 이런 식으로 실제사건을 '재구성'하여 만들어지는 것이다. 즉, 사안은 실제 사건 그대로가 아니라 법률에 의해서 구성된다. 법률가들은 어떤 사건이 발생하면, 법적으로 의미 있는 사실들을 재빨리 선별해 내서 법적인 사안으로 만드는 작업을 한다.

상호수렴의 과정, 법규범과 사안

전통적인 법학방법론에서는 이러한 세 단계의 과정을 '연역적 관계'로 파악한다. 즉, 법률적용은 1)법규범을 찾고, 2)그에 해당하는 사안을 확정함으로써 3)법적 효력 발생 여부를 결정하는 연역적 추론과정이라는 것이다. 앞에서 편의상 이러한 과정이 순차적으로 또는 연역적으로 이루어지는 것처럼 설명해 놓았지만, 실제 법률적용에서는 다른 양상을 띠게 된다. 예를 들어 A가 B를 낭떠러지로 밀어 숨지게 한 사건을 생각해 보자.

앞서 살펴보았던 법률적 삼단논법에 의하면, 법규범을 먼저 찾아야 한다. 여기서 적당한 법규범은 〈형법〉 250조의 "사람을 살해한 자는 사형, 무기 또는 5년 이상의 징역에 처한다"라는 조항이다. 다음으로 사건을 사안으로 확정해야 한다. 실제 사건에는 여러 가지 데이터들이 있겠지만, 우리는 B를 밀어서 낭떠러지에 떨어뜨려 살해한 A의 행위를 사안으로 확정할 수 있다. 그리고 이 사안이 살인죄 조항에 포섭되기 때문에 A는 살인죄의 죄책을 지게 된다. 이렇게 보면 마치 법률적용의 과정이 법률적 삼단논법의 순서대로 연역적으로 이루어지는 것처럼 보인다.

하지만 실제 현실은 그렇지 않다. 예컨대, 최근에는 의학의 발전으로 뇌의 기능은 멈추었지만, 인공적으로 호흡은 가능한 이른바 뇌사라는 것이 문제가 되고 있다. 환자 가족의 요청으로 의사가 뇌사에 빠진 환자의 인공호흡장비를 떼어낸 경우를 생각해 보자.

뇌사상태에서는 심장박동이 멈춘 것이 아니기 때문에 심장박동을 기준으로 한다면, 죽었다고 할 수 없지만, 의학적으로 보면 다시 소생할 가능성이 전혀 없고 인공호흡장비를 떼어내는 순간

바로 사망하기 때문에 죽음과 동일시되기도 한다.

만약 뇌사도 죽음으로 봐야 한다는 입장에서는 법률적 삼단논법의 대전제를 수정하려고 할 것이다. 즉, "사람을 살해한 자"라는 법규범의 의미를 '사람을 심장사 또는 뇌사에 빠뜨린 자'로 해석하여, 그것을 대전제로 확정하려고 할 것이다. 그렇게 대전제를 확정한 법률가는 의사의 행위가 살인죄에 해당하지 않는다고 법률을 적용할 것이다. 뇌사상태의 환자는 이미 죽은 사람이기 때문에 의사가 그를 다시 살해했다고 할 수 없기 때문이다.

여기서 우리는 많은 문제를 생각해 볼 수 있다. 앞의 논의에서 보듯 뇌사라는 새로운 사안이 생기자 대전제에 수정이 가해졌다는 것이다. 그렇다면 법률적 삼단논법의 대전제가 사안과 무관하게 미리 확정된다는 것은 허구다. 또한 사안은 법규범 없이 독자적으로 확정되지 않는다.

골동품 사기사건에서 보았듯이, 사안이 확정된 것은 법규범에 따라 법적으로 의미 있는 데이터들을 추려냈기 때문이다. 즉, 법률 없이 사안은 결코 확정될 수 없다. 다시 말하자면 법률적 삼단논법의 대전제와 소전제는 서로 독자적으로 확정되었다가 나중에 기계적으로 결합하는 것이 아니다. 즉, 사안의 영향을 받아 법규범이 변할 수 있고, 법규범의 영향을 받아 사안확정이 변할 수 있다는 것이다. 이것을 법규범과 사안이 서로 동시에 접근하는 과정 즉 상호수렴의 과정으로 표현하기도 한다. 그래서 법철학자 엥기쉬는 "법률을 적용하는 사람의 시각은 법률과 구체적인 사건의 둘 사이를 왔다 갔다 한다"라고 말하기도 했다. 즉, 법률적용은 사건과 법규범을 왔다 갔다 하면서 그 의미를 확정하는 과정인 것이다. 이것은 법률가들이 실제 법률적용과정에서 행하는 현실이기도 하다. 법률적 삼단논법의 가정이 이론적인 허구라면, 법규범과 사안의 상호수렴과정은 엄연한 현실인 것이다.

사법과 공법은 어떻게 다를까?

사법(私法)과 공법(公法)은 무엇일까? 먼저 그 개념부터 간단히 알아보자. 공법이란 국가권력이 직접 규제하는 공적 생활관계에 관한 것이고, 사법은 사적 자치가 허용되는 사적(경제적, 가족적) 생활관계에 관한 것이다. 사법이 사적 생활관계를 규율하기도 하지만 간접 개입에 불과하다. 공법은 국가와 개인 간의 권력적인 관계를 주로 규율하고, 사법은 개인 간의 비권력적이고, 자율적인 대등한 관계를 규율한다는 점에서 차이를 보인다. 공법에는 행정법과 형법이 있으며, 사법에는 민법과 상법이 대표적이다. 예를 들어 행정법에서는 국가 공권력과 국민들 사이의 법률관계를 규정하고 있는 반면, 민법은 개인 간의 법률관계를 규정하고 있는 것이다.

근대자본주의가 발전하면서 사적 자치가 강조되고 국가개입을 최소화해야 한다는 원리가 부각되었다. 이는 공법과 사법의 엄격한 구분으로 이어졌다. 즉, 공법과 사법을 구분하여 국가가 최소한의 간섭만 해야 한다는 것이다. 하지만, 20세기 중반 이후 빈부격차가 확대되고 시장 개입의 필요성이 대두되면서 사법영역에도 국가의 개입이 확대돼야 한다는 주장이 제기되어 왔다. 공법과 사법의 중간영역에 있는 사회법(社會法)의 출현이 이를 대변한다.

대표적인 사회법에는 노동법, 경제법, 사회보장법 등이 있다. 노동법은 사회적 약자인 근로자를 보호하기 위해 근로자와 사용자와의 고

호기심박스

용관계를 규율하는 법이고, 경제법은 경제영역에 대한 국가의 개입
방법과 절차를 정해 놓은 법이다. 이를 사법의 공법화라고 부른다.
하지만 사회법의 등장이 공법과 사법의 구분을 무의미하게 만든 것
은 아니다.

법률용어사전
사적 자치(私的 自治)는 각자가 자신의 법률관계를 자기
의사에 따라 자주적으로 처리할 수 있고, 국가나 법질서
는 여기에 직접적으로 개입하거나 간섭하면 안 된다는
것을 뜻한다.

여기서 사법(私法)은 법에 의
한 재판 및 그와 관련된 국가
작용을 말하는 사법(司法)과
구분해야합니다.

법률가들이 세상을 보는 방법, 법적 사고

흔히 법학교육의 중요한 목표는 법적 사고력을 키우는 것이라고 말한다. 그렇다면 법적 사고(Legal Mind)란 무엇일까? 법적 사고란 어떤 사건을 법적으로 어떻게 이해할 것인지에 관한 능력이라고 할 수 있다. 즉 어떤 사건이 발생하면, 그것이 어떤 법규범에 포섭될 수 있고 어떤 법적 효력이 발생할 수 있는지를 판단하는 능력이다. 그리고 법률가들의 능력이란 적절한 법규범을 찾아 그것을 사안에 적용할 수 있는 능력을 말한다.

이것은 법률가들이 세상을 보는 방법을 말하는 것이기도 하다. 예를 들어 사과나무에서 사과가 떨어지는 모습을 보면서 뉴턴은 만유인력의 법칙을 발견했다고 하지만, 법률가들은 부동산이 동산으로 변했다는 사실에 주목하고, 소유관계의 변동을 생각한다. 버스를 타는 순간 운전기사의 따뜻한 인사에 관심을 보일 수도 있고, 승객이 얼마나 탑승하고 있는지에 관심을 가질 수도 있다. 하지만 법적 사고에서는 버스를 타고 요금을 지불하면서 일종의 계약이 성립하였고, 만약 원래의 도착지점에 도착하지 않을 경우 채무불이행으로 인한 책임을 물 수 있음을 생각하게 되는 것이다.

이러한 법적 사고가 바로 법률가들의 중요한 업무이며, 법학교육에서 가르치는 중요한 내용이기도 하다. 하지만 앞의 사례에서 보았듯이, 법적 사고란 실제 사건을 법적 관점에 따라 재단하는 것이고, 어떻게 보면 왜곡시키는 것이기도 하다. 그래서 법률가들은 때로는 법 이외의 문제를 고려하지 않는 피도 눈물도 없는 냉혈한이라는 야유를 받기도 한다. 물론 법률가들도 법적 사고에서 고려될 수 없는 가치를 법적 판단에 포함시키려는 노력을 기울이기도

한다. 범죄자를 처벌할 때 정상을 참작하여 형을 감해 주는 것이 대표적이다. 이처럼 법률가들은 법적인 판단과 법외적인 판단 사이에서 고민한다. 결국 법도 보다 인간적인 세상을 만들기 위한 도구라는 것을 생각해 보면, 이런 갈등과 노력은 당연한 것이다. 법률가는 '피도 눈물도 없는' 법과 '인간의 얼굴을 한' 법 사이에서 끊임없는 갈등하고 있는 사람이라고 할 수 있다.

교수님과 함께 떠나는
법학 여행

법률이 지닌 의미를 해석해라!

법률 해석은 왜 필요할까?

여기서 한 가지 더 생각해 볼 문제가 있다. 그렇다면 왜 앞의 법률가는 뇌사를 죽음이라고 생각했을까? 그것은 그의 종교적 신념에서 나온 판단일 수도 있고, 뇌사자를 인공장비로 계속 살려두는 것은 의료자원의 낭비라는 경제적 측면이 고려된 것일 수도 있다 또한 뇌사상태의 사람의 장기를 다른 사람에게 이식하여 생명을 살릴 수 있다는 공익적 측면이 강조된 것일 수도 있다. 아니면 예전에 동생이 뇌사에 빠진 사람으로부터 장기를 이식받아 회생하게 되었던, 지극히 개인적인 경험이 그러한 판단에 영향을 미쳤을지도 모른다.

이것은 법률을 적용하는 과정에 여러 가지 가치판단의 요소가 개입된다는 것을 보여준다. 사안에 법률을 적용하는 것은 기계적인 과정이 아니라 백지상태에서 입법할 때만큼이나 많은 가치를 고려해야 하는 정치적이고 정책적인 과정이다. 법률을 적용하는 과정에서도 정의가 실현되며, 법률가가 법률기술자일 수 없다는 것은 바로 이러한 이유에서다.

다시 말하자면 법률은 반드시 해석되어야 한다는 것이다. "사람을 살해한 자"라는 실정법의 규정이 있음에도 불구하고, 법률가들은 이 규정이 구체적으로 무엇을 뜻하는지 다시 해석해야 한다. 그런데 그 과정에서 다양한 가치판단의 요소가 개입되기 때문에, 법률가들은 해석을 둘러싸고 논쟁을 벌이곤 한다. 이 해석논쟁에서 보다 설득력 있는 논거를 제시하게 되면 그 논쟁에서 이기는 것이다. 그리고 이 과정이 공식적으로 벌어지는 장소가 바로 법정이다.

하지만 19세기 초반까지만 해도 법관은 법률을 적용할 때 법률을 해석해서는 안 되며(법률해석의 금지), 법률텍스트를 사안에 단순히 적용하기만 해야 한다는 생각이 지배적이었다. 그것은 법관이 자의적으로 법률을 해석하여 국민의 대표자인 입법부가 정한 법률을 왜곡시키는 것을 막기 위한 것이었다. 하지만 이렇게 법관의 법률해석을 금지하는 것은 현실적으로 불가능하다. 법률이 '언어'를 통해 존재하는 한 그 해석은 불가피하기 때문이다. 법관의 법률해석은 현실이며, 다만 그 해석의 정당성을 어떻게 확보할 것이냐가 문제가 된다.

끊임없이 변화하는 법률언어

법률언어는 두 가지 점에서 그 의미가 개방되어 있다. 먼저, 법률언어의 의미는 사회의 역동적 변화에 그 의미가 개방되어 있다. 끊임없이

변화하는 사회 속에서 기존의 법률언어가 미리 염두에 두지 못한 새로운 데이터가 끊임없이 생산되기 때문에, 법률언어의 의미는 고정될 수가 없는 것이다. 예를 들어, "문서"(〈형법〉225조)라는 개념에 '복사물'이 포함될 수 있을지를 생각해 보자. 입법자들이 이 조항을 만들 당시에는 복사기술이 없었으므로 문서에 복사물이 포함될 수 있는지를 고려하지 않은 상태에서 이런 법률개념을 만들었다.

하지만 복사기술이 발달함에 따라 사회에서 복사물 또한 문서로서 기능하게 되었고, 복사물을 문서개념에 포함시키지 않을 수가 없었다. 그리하여 1995년에는 "이 장의 죄에 있어서 전자복사기, 모사전송기, 기타 이와 유사한 기기를 사용하여 복사한 문서 또는 도화의 사본도 문서 또는 도화로 본다"(〈형법〉237조의 2)라는 규정을 신설하게 되었다.

이 점은 '음란한'이나 '선량한' 같이 그 자체로 추상적인 개념은 물론이고, 일견 명확해 보이는 '주거'나 '사람' 같은 개념에도 공히 적용된다. 예컨대, '주거'의 경우에는 주거형태가 초가집이나 기와집 같은 단순한 몇 가지 형태에서 오피스텔, 아파트, 비닐하우스, 다세대주택, 선상주택 등으로 다변화됨에 따라 그 개념이 변화되게 되었다.

'사람'은 좀 더 명확해 보이지만, 생명공학기술의 발전에 따라, 이미 배아—태아—사람의 구분이 불명확해졌고,

앞으로 반인반수나 배아복제를 통해 만들어진 신체장기의 일부까지 출현하게 됨으로써, '사람'이라는 언어가 담고 있는 내용이 정확히 무엇인지가 점점 불명확해지고 있다. "낙태"라는 조문도 마찬가지다(〈형법〉 269조). 흔히 낙태죄의 보호객체인 '태아'를 배아가 자궁에 착상된 이후부터라고 해석하였지만, 최근 성관계 후 바로 다음 날 먹음으로써 수정란의 착상 자체를 막는 약이 나오면서 이 조항의 해석범위가 애매해졌다.

수정란은 태아가 아니며 단지 단백질 덩어리에 불과하다는 입장도 있지만, 착상 순간부터 인간, 정확하게는 태아라고 보는 입장에서 보면 이 약을 먹는 행위도 낙태죄에 해당한다고 볼 것이다. 이들 사례는 모두 과학기술이 발전하고, 생활이 다변화되고 복잡해지면서 벌어지는 일들이다.

만약 시간의 흐름을 정지시켜 놓는다고 해도 사정은 마찬가지다. 그것은 같은 시대에 같은 공동체에 속해 살아가는 사람들끼리도 저마다 가치평가의 기준이 다르기 때문이다.

예컨대, "위험한 물건"(〈폭력행위 등 처벌에 관한 법률〉 3조 1항), "선량한 풍속"(〈민법〉 103조)이나 "음란한" (〈형법〉 243조~245조), "공공의 위험"(〈형법〉 168조 등)이나 "정당한 이유"(〈형법〉 16조), "사회질서"(〈민법〉 103조, 105조, 106조)와 같이 정서적, 평가적 요소가 포함되어 있

교수님과 함께 떠나는
법학 여행

는 규범적 개념은 사람마다 그 해석이 천차만별일 수밖에 없다.

대법원은 "음란한 물건"이라는 개념을 "성욕을 자극하거나 흥분 또는 만족케 하는 물품으로서 일반인의 정상적인 성적 수치심을 해치고 선량한 성적 도의관념에 반하는 것"이라고 판시한 바 있지만, 여전히 불명확하긴 마찬가지다. 그렇다면 법관이 법률개념에 대한 일반인의 생각을 참고하는 방법을 쓰면 어떨까?

예컨대, 법원이 A라는 소설이 "음란한 물건"에 속하는지 판단하기 위해 '국민 중 55%의 사람들이 A소설이 음란하다고 판단했다'는 설문조사결과를 근거로 '정상인, 일반인의 도의관념에 비추어 보아 음란한 물건이다'라고 판시했다고 가정해 보자.

그렇다고 해도 모호한 것은 마찬가지다. 일단 설문조사방법 자체에 가치평가가 개입된다. 실제로 법관은 조사대상을 누구로 할 것인지부터 시작해서, 어떤 방법으로 설문조사를 할 것인지, 몇 퍼센트의 시민들이 합의해야 그것을 정상적 일반인의 생각으로 간주할 것인지 등에 대한 가치평가에 다시 직면할 수밖에 없다.

그렇다면 "정당한", "음란한"처럼 규범적 평가가 필요한 개념의 사용을 가능한 한 자제하고, 평가적 요소가 없이 외부적 지각이 가능한 대상들을 그대로 지시하는 '서술적 개념', 예컨대 "사람"(〈민법〉 3조, 〈형법〉 250조 1항), "건조물"(〈형법〉 330조) 같은 개념들만 법률언어로 사용한다면 문제가 해결될까? 그렇지 않다. 사회의 복잡성이 증대하는 후기산업사회에서 서술적 개념만으로 법규범을 사용한다는 것은 사실

상 불가능하다. 게다가 서술적 개념이라고 하여 반
드시 덜 모호한 것도 아니다. 예컨대, "사람"(〈형법〉
250조 이하)이나 "건조물"(〈형법〉 330조)과 같은 서술적
개념들이라고 해도 앞에서 보았듯이 그 해석의 과정에
서 수많은 가치판단이 개입되기 때문이다. 단지 우리가
서술적 개념의 지칭대상을 여러 번 반복하여 경험하기 때문에 그것을
더 분명한 것처럼 느낄 수 있다.

쉽게 말해, "사람"은 자주 마주치고 그 말을 자주 사용하기 때문에 그
의미의 폭이 어디까지인지 쉽게 짐작할 수 있지만, "음란한"이라는 표
현은 그 의미가 무엇인지 깊게 생각해 본 적이 없기 때문에 상대적으
로 덜 익숙한 것이다. 그런 익숙함의 차이이지 "음란한"보다 "사람"이
반드시 덜 모호한 개념인 것은 아니다.

예를 들어, 사람 한 명이 간신히 들어갈 정도의 알루미늄 새시로 된 구
조물(담배 점포)이 야간주거침입절도죄(〈형법〉 330조)의 "건조물"에 해
당할까?

이 물음에 대해 여론조사를 실시한다면 규범적 개념에서와 마찬가지
로 의견이 분분할 것이다. 대법원은 이에 대해 다음과 같은 판결을 내
린 바 있다. "야간주거침입절도죄에 있어서 침입행위의 객체인 건조
물은 주위 또는 기둥과 지붕 또는 천정으로 구성된 구조물로서 사람
이 기거하거나 출입할 수 있는 장소를 말하며 반드시 영구적인 구조
물일 것을 요하지 않는다."

하지만 대법원의 판결에도 불구하고, 의문은 그치지 않는다. 우동을 팔고 있는 폐차 처리된 버스도 건조물에 해당한다고 볼 수 있는가? 자동차용품을 팔고 있는 폐차 처리된 봉고차는 어떠한가? 만약 폐차된 버스는 건조물에 해당하지만 폐차된 봉고차는 해당도 지 않는다면 그 이유는 무엇인가? 폐차 차량은 어느 정도 크기여야 할까? 폐차 차량의 측면 크기와 두께는 어느 정도여야 주위벽이라 부를 수 있는가? 요컨대, 서술적 개념이 규범적 개념보다 반드시 더 명확하다고 할 수 없다. 실제로 서술적 개념을 판단할 때의 법관의 어려움은 "음란한"이나 "선량한" 같은 규범적 개념을 확정할 때의 어려움과 비교해 볼 때 결코 작지 않을 것이다.

법률해석의 네 가지 방법

이러한 문제를 해결하기 위해 법률가들은 명확한 해석 규칙을 발견하기 위한 다양한 노력을 기울여 왔다. 그중 하나가 사비니가 제시한 네 가지 법률해석의 규칙이다.

① 문리 해석

법률단어의 일상언어적 의미나 구문구조에 따라 그 의미를 해석하는 방법을 문리 해석 또는 문법적 해석이라고 한다. 다시 말해, 문자 그대로의 일상적 의미를 파악하는 것이다.

예컨대 권투선수가 큰 주먹으로 사람을 때려 다치게 한 경우, 이 사건을 "위험한 물건을 휴대하여"(〈폭력행위등처벌에관한법률〉 3조 1항) 상해한 것이라고 볼 수 없다. 왜냐하면 우리는 일상적으로 주먹이 위험한 물건이라고 말하지 않기 때문이다. 반면 드라이버, 돌, 칼, 가위 등은 위험한 물건이라고 일상적으로 말하므로, 그것들을 이용하여 상해를 가했다면 앞의 법규범에 포섭된다고 할 수 있을 것이다. 문리 해석은 이렇게 '일상적 의미'에 따라 법률을 해석해야 한다고 본다.

하지만 문리 해석의 방법이 해석의 문제를 모두 해결해 주지는 못한다. 언어라는 것 자체가 지시대상을 하나하나 지시해 주는 것이 아니기 때문이다. 이 문제는 현대사회가 복잡해지면서 더욱 심각해졌다. 예컨대, '위험한 물건을 휴대하여'라는 법률언어가 담고 있는 의미 내용은 시간적으로 개방되어 있고, 사회구성원의 다원적인 가치관에 따라 달라지기 때문에 어느 지시대상까지가 일상적 의미에서의 위험한 물건에 해당하는지는 매우 불확실하다.

예컨대, 일상적 의미에서 돌이나 칼 등은 위험한 물건이고 주먹은 위험한 물건이 아니라고 한다면, 마요네즈 병, 마이크, 조약돌, 고춧가루는 어떤가? 자동차는 또 어떤가? 자동차를 몰고 가서 상해를 입혔다면 그것도 "위험한 물건을 휴대하여" 상해한 것에 해당할까?

때로는 문법적인 문제가 해석의 핵심이 되기도 한다.

〈형법〉 170조 2항 방화죄 조문은 다음과 같다. "과실로 인하여 자기의 소유에 속하는 166조(일반 건조물 등의 방화) 또는 167조(일반 물건에의 방화)에 기재한 물건을 소훼하여 공공의 위험을 발생시킨 자는 전항의

형과 같다." 이 조문에서 "과실로 인하여 자기의 소유에 속하는"이라는 구문이 166조를 수식하는 것(수식 A)은 분명하지만, 167조까지도 수식하는 것(수식 B)으로 봐야 하는지가 문제가 된다. 즉, 자기의 소유에 속하는 167조에 기재한 물건을 불에 태워 공공의 위험을 발생시킨 자도 이 법률조문에 포섭되는 것인지가 문제가 된다.

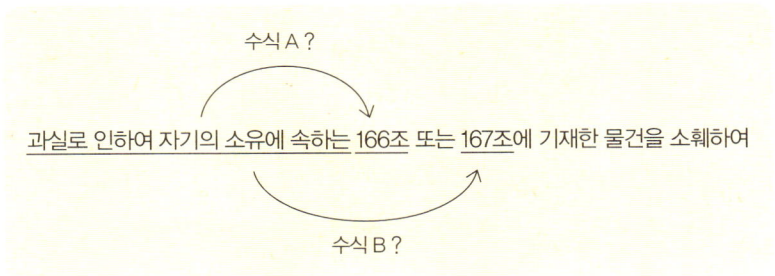

〈형법〉 170조 2항의 해석 문제

이 문제를 '일상적 의미'에 근거하여 해결할 수 있을까? 실제로 이 문제는 대법원 판결에서도 다수견해와 소수견해로 대립되었으며, 실무 법조계와 법학계에서 광범위한 문제가 되었다. 심지어 국어학계에서도 관심을 가졌는데, 문법적으로 명확한 결론이 나오지 않았다.
보통 사람의 언어 감각에 물어도, 전문가들의 문법적 판단에 호소해도 명확한 답을 구할 수 없었다.

② 체계적 해석
법률단어를 법률에서 놓인 위치에 의미를 두어 그 단어의 의미를 해

석하는 방법을 체계적 해석이라 한다. 예컨대 〈형사소송법〉 35조는 피고인과 변호인은 소송계속의 관계서류 또는 증거물을 열람 또는 등사할 수 있다고 규정하고 있다. 그런데 이 규정이 1회 공판기일이 열린 이후에만 열람권을 보장하는지 또는 검사가 공소를 제기한 이후면 언제라도 열람권을 보장하는지에 관해 의견의 대립이 있을 수 있다.

여기서 35조가 〈형사소송법〉의 '총칙' 편에 규정되어 있다는 위치적 특성을 중시하면 1회 공판기일이 열리기 전이라도 변호인은 열람권을 갖는다는 결론을 이끌어낼 수 있을 것이다.

또한 〈형법〉 302조가 규정하는 위계, 위력에 의한 미성년자 간음, 추행죄에서 미성년자의 범위를 얼핏 20세 미만이라고 생각할 수 있다. 실제로 이 조항의 적용범위는 13~19세로 해석되어야 한다. 왜냐하면 〈형법〉 305조에서는 13세 미만의 부녀, 사람에 대한 간음, 추행은 동의여부와 상관없이 강간죄, 강제추행죄로 처벌하도록 되어 있다. 따라서 13세 미만에 대한 간음추행은 302조가 아닌 305조에 적용된다.

마찬가지로 절도죄(〈형법〉 209조)의 재물에는 사람의 시체가 포함되지 않는다. 왜냐하면 〈형법〉 161조에 사체를 영득한 경우에 대해 별도로 처벌 규정이 마련되어 있기 때문이다. 이렇게 전체 법률체계를 고려하여 해석하는 것을 체계적 해석이라고 부른다. 하지만 이 방법은 참고가 될 수 있지만 그 적용범위가 제한적일 수밖에 없다. 게다가 입법자가 모든 법률체계를 완벽한 체계로 짜

놓았을 것이라는 비현실적인 가정에 기초하고 있는 해석방법이기도
하다.

③ 역사적 해석

법률해석은 입법자가 법을 제정하고, 그 제정한 법을 나중에 해석하
는 과정이다. 따라서 해석과정에서 입법자가 본래 추구했던 목표(즉,
입법자의 의사)가 법률해석에서 어떻게 고려될 것인지가 문제가 될 수
있다. 역사적 해석이란, 입법 당시로 거슬러 올라가 입법자의 의사에
따라 법률언어의 의미를 이해해야 한다는 것이다. 입법자의 주관적
의사를 중요시한다는 뜻에서 '주관적 해석'이라고 부르기도 한다. 이
것은 고전적인 권력분립원칙에 충실한 방법이기도 하다.

법률은 국민의 대표기관인 의회에서 제정한 것이므로 그것을 법관이
자의적으로 해석하면 권력분립원칙에 위배된다. 따라서 법관에게 입
법자의 의사에 따라 법을 해석할 것을 요구하게 된다.

이를 위해 입법 당시 의회의 의사록, 입법이유서, 법안작성자의 의견
서 등을 참조할 수 있다. 교통사고 가해자가 피해자를 병원으로 옮겨
놓은 뒤 피해자 몰래 사라진 경우가 〈특정범죄가중처벌 등에 관한 법
률〉 5조의 3, 1항에서의 "도주"에 해당하는지 살펴보자.

즉, 이 사례에서 가해자는 피해자를 위한 응급조치는 취했기 때문에
'구조의무'는 다했지만, 자신의 신분을 밝히지 않고 사라졌기 때문에
손해배상청구권의 행사를 곤란하게 만들었다. 만약 이 조항의 입법취

지가 피해자의 생명, 신체 안전을 도모하기 위한 것이라면 이것은 도주라고 볼 수 없을 것이다. 가해자가 피해자를 병원으로 안전하게 옮겼기 때문이다.

하지만 그 목표가 피해자의 손해배상청구권의 확보라면 이것은 도주다. 가해자가 아무런 연락처도 남기지 않고 사라져, 손해배상청구를 곤란하게 했기 때문이다. 이렇게 입법취지를 살펴 해석을 하는 것이 바로 역사적 해석방법이다.

하지만 입법자의 의사를 확인하는 것은 쉬운 일이 아니다. 국회의원들 사이에서 의견 대립이 있고, 그 의견이 명확히 합의되지 않은 채 법안이 마련되는 경우도 많기 때문에 입법의사가 명확하게 존재한다고 하기 어려운 경우도 매우 많다. 예컨대, 얼마전 KBS(한국방송공사) 사장 해임과 관련하여 법률해석의 문제가 제기된 바 있다. 문제는 대통령에게 사장을 해임할 권한이 있느냐는 것이었다. 지금은 방송법으로 흡수되어 폐지된 〈한국방송공사법〉 15조에는 "사장은 이사회의 제청으로 대통령이 임면한다"라고 되어 있었으나, 〈한국방송공사법〉이 통합되어 제정된 2000년 〈방송법〉에는 이 규정이 "사장인 이사회의 제

청으로 대통령이 임명한다"라고 바뀌었다(50조 2항). 여기서 임면(任免)은 '임명+해임'을 의미하는 것이고, 임명(任命)은 말 그대로 임명만을 의미하는 말인데, 새로운 〈방송법〉에는 해임권

에 관한 규정을 따로 두지 않았다.

이에 대해 한편에서는 입법자가 굳이 임면을 임명으로 바꾼 것은 대통령의 해임권을 박탈하겠다는 입법자의 분명한 의도가 있는 것이라고 주장했지만, 다른 한편에서는 입법 당시 그런 의도가 전혀 없었다고 주장했다. 당시 국회의사록을 찾아보아도 명확한 내용은 찾아볼 수가 없다. 심지어 법안을 발의한 여당 국회의원과 법안에 합의했던 야당 국회의원조차도 의견이 갈리고 있는 상태다. 입법을 주도한 실제 당사자, 즉 입법자에게 직접 물어봐도 입법자의 의사는 여전히 오리무중이라는 얘기다. 이것은 입법자의 의사라는 것이 얼마나 불명확한 판단기준인지를 잘 보여준다.

게다가 과거의 입법자의 의사에만 입각하여 해석의 방향을 정하는 것이 바람직한지도 의문이다. 예컨대, 입법 당시 주거라는 개념은 초가집이나 기와집을 염두에 두고 만들어진 것이다. 그렇다고 현대사회에서 주거로 기능하고 있는 10층짜리 다세대주택의 방 한 칸을 주거개념에 포섭시킬 수 없다고 버틴다면 어떨까? 이 경우에도 역사적 해석을 적용해서 입법자의 의사를 헤아리는 일에 몰두할 것인가? 때로는 입법자가 미처 파악하지 못한 의미를 살려내거나 현실의 변화된 상황에 적합한 해석을 시도하는 것도 필요하기 때문에 역사적 해석은 일정한 한계가 있을 수밖에 없다.

④ 목적론적 해석

법률의 객관적인 규율 목적에 따라 법률(단어)의 내용을 이해하는 방법을 목적론적 해석이라 한다. 여기서 규율 목적이란 입법의 취지로서, 입법자의 동기에 대한 재해석이나 법정책적 판단 또는 법학계의 의견 등을 참조하여 결정될 수 있다.

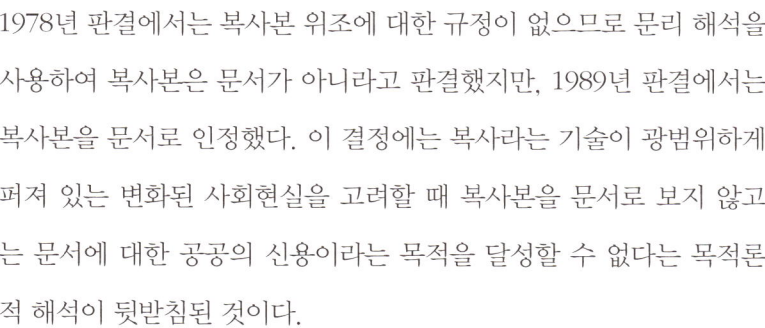

예를 들어, 구(舊)〈형법〉에서는 복사본 위조에 대한 규정이 없었다. 따라서 복사본이 〈형법〉상 문서에 해당하는지가 문제가 되었다.

1978년 판결에서는 복사본 위조에 대한 규정이 없으므로 문리 해석을 사용하여 복사본은 문서가 아니라고 판결했지만, 1989년 판결에서는 복사본을 문서로 인정했다. 이 결정에는 복사라는 기술이 광범위하게 퍼져 있는 변화된 사회현실을 고려할 때 복사본을 문서로 보지 않고는 문서에 대한 공공의 신용이라는 목적을 달성할 수 없다는 목적론적 해석이 뒷받침된 것이다.

즉, 목적론적 해석은 일상언어적 의미나 입법자의 의사를 확인하는 것이 아니라, 판결 당시의 객관적인 사회적 요구를 반영하여 적극적으로 법을 해석하는 것이다. 그래서 목적론적 해석을 객관적 해석이라고 부르기도 한다. 역사적 해석이 과거의 입법자 의사에 주목하는 것이라면, 목적론적 해석은 현재의 규율 목적에 집중하는 것이다.

하지만, 이 해석방법은 법관의 자유로운 법해석을 사실상 허용하게

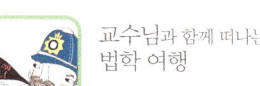

함으로써, 권력분립의 원칙을 무력화시킬 우려가 있다.

즉 우리가 민주적으로 선출한 입법자들이 만든 법을 우리가 선출하지 않은 직업법관들이 자의적으로 해석하는 것은 권력분립의 원칙에 위배된다는 것이다. 국회의원들이 국민의 의사에 반하는 법을 제정하면 선거로 심판하면 된다. 하지만 직업법관들이 법을 자의적으로 해석하는 것은 민주적 통제가 불가능하다. 그런 상황에서 법관들이 법의 객관적 목표를 적극적으로 해석함으로써 자유롭게 법을 해석하는 것은 위험한 일일 수 있다.

법률용어사전
①공소(公訴)란 검사가 법원에 특정 형사 사건의 재판을 청구하는 일을 말한다.
②위계(僞計)란 거짓으로 속이는 것을 말하고, 위력(威力)이란 유무형의 힘(폭행, 협박 등)으로 상대방의 의사를 제압하는 것을 말한다.
③영득(領得)이란 취득하여 제 것으로 만드는 것을 말한다.

법률해석의 핫이슈, 논증

앞에서 언급한 네 가지 해석방법 가운데 어떤 해석방법을 어떤 사안에 사용해야 하는지에 관한 규칙은 없다. 따라서 법률의 해석에서 어떤 해석방법을 사용하느냐는 법관의 자유에 속한다.

독일에서는 이를 흔히 '방법종합주의' 또는 '방법다원주의'라고 부른다. 실제로 우리 실무에서도 이 네 가지 해석방법이 모두 사용되는 것을 찾을 수 있다.

복사본의 문서성에 대한 사례에서 보듯이 같은 사안에 대해서 법원은 다른 해석방법을 적용하기도 한다. 앞에서 각각의 해석방법의 문제점을 보았듯이, 어느 해석방법도 확실한 규칙을 제시하지 못하기 때문이다. 해석방법 자체가 불분명하기 때문에 그것들이 서로 충돌할 수도 없고, 우선순위를 정할 수도 없다. 실제로 판례를 분석해 보면, 어느 해석방법을 사용했는지 판단하는 것조차 어려울 때도 많다.

결국 이러한 해석방법들은 참조가 될 수는 있지만, 확실한 결론은 제시해 주지 않는다.

그렇다면 해석은 결국 논증과 설득력의 문제가 된다. 어떤 해석방법을 사용했는지가 문제가 아니라 어떤 해석이 좀 더 합리적으로 논증되어 다른 사람들이 납득할 수 있는지가 문제라는 것이다.

법률가가 된다는 것은 이러한 논증의 싸움에 뛰어드는 것이다. 검사는 피고인이 처벌을 받아야 한다는 주장을 논증해야 하고, 피고인은 무죄의 주장을 논증해야 한다. 법관은 이들의 주장을 주의 깊게 듣고, 자신의 판결을 내놓는다. 이때 그렇게 판단한 이유를 상세히 논증해야 한다. 즉, 어떤 근거에서 어떤 해석방법을 사용하여 어떤 판결

을 내놓았는지 결론을 내는 것이다. 누가 보다 설득력 있는 논증을 내놓을 수 있는지에 따라 이 싸움의 승리자가 될 수 있다. 법학을 공부한다는 것은 이 논증의 방법에 대해 훈련을 받는 것이고, 법률가란 이 논증에 관한 전문지식을 가지고 있는 사람이라고 할 수 있다.

여기서 한 가지 덧붙이자면, 이러한 논증싸움이 이성적으로 전개되기 위해서는 논증의 이유를 가능한 한 상세히 제시하는 문화적 토양이 마련되어야 한다.

주장만이 아니라 그 근거가 충분히 제시될 때 논증의 대결은 보다 합리적인 경쟁으로 자리매김될 수 있다. 검사가 기소를 하거나 불기소 처분을 할 때나 법관이 판결을 내릴 때에도 가능한 한 상세한 근거를 제시하도록 하는 제도적 장치가 필요하고 그러한 직업문화도 자리 잡아야 한다. 법정에서도 당사자가 가능하면 말로써 자신의 이야기를 할 수 있도록 해야 한다. 이것이 제도적으로나 문화적으로 자리 잡을 때 법을 둘러싼 논증의 마당은 보다 합리적이고 이성적인 경쟁의 장으로 자리매김할 수 있다.

하지만 아쉽게도 우리 사법현실은 그러한 토양이 충분히 마련되어 있지 못하다. 법조계는 당사자에게 자신의 결정을 친절히 논증하기보다는 그 결정을 통보하는 경우가 많다. 일종의 권위주의다. 또 우리 시민사회는 이성적인 논증보다 '원래 그렇다', '옳은 게 옳은 거다' 라는 식의 윤리적 판단이 우선되는 경우가 많다. 시민사회가 아직 충분히 근대화되지 못했다는 이야기다.

이러한 현실들이 조금씩 개선되어 나간다면 우리 사법문화도 좀 더 이성적이고 합리적으로 변화할 수 있을 것이다.

법률용어사전
기소(起訴)란 검사가 특정한 형사 사건에 대하여 법원에 심판을 요구하는 일, 즉 공소를 제기하는 것을 가리킨다.

법을 다룬 문학작품들

문학을 통해서도 우리는 법의 문제를 깊게 성찰해 볼 수 있다. 법의 문제가 문학이나 영화 속에서 살아 숨 쉰다는 것은 그만큼 법이 인간 심연의 문제를 다룬다는 이야기이기도 하다.

〈우상의 눈물〉전상국 지음

법은 어떤 의미에서 합법적이고 정당한 폭력이라고 할 수 있다. 그래서 법에 대해서는 항상 비판적인 시각을 유지해야 한다. 하지만 법이 억압적이고 배제적인 형태가 아닌, 정의의 언어로 미묘하게 포장되고 휴머니즘과 교묘하게 결합된다면 그 본성을 폭로하기가 어려워진다. 이 소설은 이러한 교묘한 권력의 문제를 다루고 있다.

담임선생님과 반장 형우는 학교폭력배 두목 기표를 포용한다면서, 동정받을 대상으로 만들고, 선한 방식으로 기태의 악을 감싼다. 급기야 신문에도 실리고 성금과 위문편지도 받는 수줍고 가엾은 고학생으로 포장된다. 기표는 끝내는 "무섭다. 나는 무서워 살 수가 없다."라는 말을 남기고 가출한다. 담임선생님은 언제나 휴머니즘이라는 가면으로 기표의 폭력을 포장한다. 그러면서 폭력은 보다 교묘한 형태로 진화해 가고 사람들은 거기에 자발적으로 복종해 간다. 합법적이고 정당한 것이라고 해도, 그 본성상 폭력적일 수밖에 없는 법의 본성. 그것은 법을 공부하는 사람들이 언제나 직면해야 하는 딜레마일지도 모른다.

〈법 앞에서〉 카프카 지음

이 소설은 '정의란 무엇인가'라는 인류의 영원한 질문을, '정의란 선험적으로 존재할 수 있는가', '우리가 정의에 도달하는 건 가능한가?'로 전환시킨다.

시골에서 올라온 사람이 어떤 문 앞에 서 있다. 그는 문 안으로 들어가고 싶지만 그럴 수가 없다. 문지기가 그의 입장을 거절하기 때문이다. 문지기는 그가 나중에도 들어갈 수 없고, 혹시 자기를 통과하더라도 뒤에 여러 문지기가 있다고 답한다. 그는 온갖 노력을 기울이며 허락을 받기 위해 노력하지만 결국 실패하고 만다.

임종을 맞은 그는 문지기에게 마지막으로 "왜 수년 동안 나 이외에는 아무도 이 문 안으로 들어가려고 하지 않는가"라고 묻는다. 문지기는 "여기서는 아무도 허락받을 수 없다. 왜냐하면 이 출입구는 오로지 당신만을 위한 것이기 때문이다."라고 말한다. "문은 모든 사람에게 접근 가능한 것이어야 하지만 시골사람인 나밖에 들어갈 수 없었고, 그것도 실제로는 접근할 수 없었다. 출입은 가능하나 지금은 안 되고, 내가 들어갈 수 없지만 나밖에는 들어갈 수 없었다." 법과 정의에 도달하는 것도 이렇게 모순의 고리 안

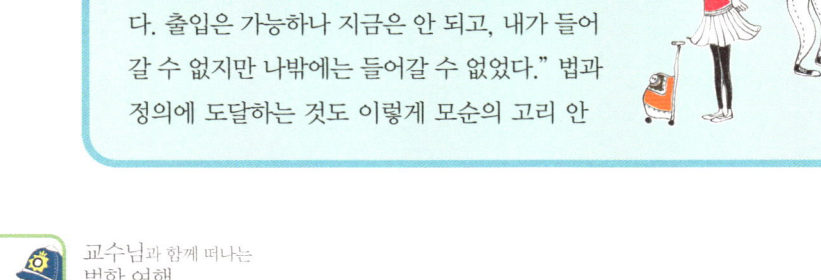

에 있는 것일지도 모른다. 카프카는 이 점을 소설의 힘을 빌려 비유적으로 표현하고 있다.

〈안티고네〉 소포클레스 지음

이 소설은 안티고네 신화를 통해 자연법론과 법률실증주의라는 고전적인 법철학적 질문을 다루고 있다. 앞에서 살펴보았듯이 자연법론은 실정법을 초월하는 자연법을 우선시하고, 법률실증주의는 실정법을 우위에 놓는다.

국왕 크레온은 권력다툼 끝에 죽은 두 왕자들 중 한 명(에테오클레스)은 나라를 위해 싸우다 죽은 군인으로 예를 갖춰 성대한 장례를 치르도록 하고, 다른 한 명(폴리니케스)은 반란자로서 장례조차 금하도록 명령했다. 이 명령은 적과 동지를 인위적으로 갈라놓아 왕위의 단일한 정통성을 명확히 하려는 정치적인 실정법이다. 하지만 안티고네는 이러한 명령을 어기면서, 오빠 폴리니케스를 묻어준다. 친족의 도리라는 자연법을 실정법보다 우선시한 것이다. 안티고네는 "저는, 유한한 인간의 몸을 가진 폐하께서 불변의, 기록되지 않은 천상의 법들을 짓밟고 폐지할 수 있을 것이라고는 한순간도 생각지 않았습니다. 천상의 법은 어제 오늘 생겨난 것이 아니며, 영원히 멸하지 않을 것이고, 그 시작이 언제였는지 아무도 모릅니다."라고 말한다. 이는 실정법에 대한 자연법의 우위를 뜻하는 것이다.

나도 법조인이 되어 볼까?

지금까지 법과 법학이 무엇인지 살펴보았다. 적성에 잘 맞는다고 생각하는 사람도 있었을 것이고, 어렵고 따분하기만 하다고 생각하는 사람도 있었을 것이다.

물론 적성에 맞는지는 본인의 판단이 가장 중요하겠지만 법학을 공부하기에 적합한 적성에는 어떤 것들이 있는지 살펴보자.

일단 법학을 공부하기 위해서는 많은 문헌을 소화하기 위한 끈기와 인내심이 필요하다. 법학이 다른 학문에 비해 특별히 어려운 학문이라고 할 수는 없지만, 공부해야 할 기본적인 내용이 상대적으로 많은 것은 사실이다. 상당히 많은 분량의 문헌을 꾸준히 읽어낼 수 있는 우직함이 없다면 법학을 공부하기 어려울 것이다. 이것은 나중에 법조인이 되어서도 마찬가지다. 법조인들은 언제나 엄청난 분량의 사건기록과 증거자료를 읽어야 하기 때문이다.

또한 법학을 공부하기 위해서는 날카로운 판단력이 필요하다. 아무리

많은 문헌과 판례를 소화해도, 그것을 구체적인 사안에 적절하게 적용할 수 있는 판단력이 없다면 무용지물이다. 아울러 어떤 문제에 대해 그 논점을 빠르고 정확하게 파악해 내고, 그 옳고 그름을 판단하는 능력이 법학에서는 매우 중요하다. 특히 이러한 과정이 '언어'라는 도구를 통해 이루어진다는 점을 생각해 보면, 언어적 감각이 뛰어난 사람이 유리할 수 있다.

그리고 세상과 사람에 대한 호기심이 강하다면 법을 공부하는 것이 더욱 흥미로울 것이다. 법학은 법이라는 프리즘을 통해서 인간 만사를 다루기 때문에 실제로 법을 공부하고, 실무에서 다루다 보면 엄청나게 다양한 세상사를 접하게 된다. 사람들 사이에서 일어나는 사소한 갈등과 분쟁에서부터 거대 기업들의 계약관계나 국가 간의 분쟁까지 인간사의 전 분야를 망라한다. 경우에 따라서는 아주 전문적인 과학기술영역이나(특허분쟁), 예술영역(저작권분쟁)까지도 이해할 수 있어야 한다.

마지막으로 인간에 대한 따뜻한 관심과 정의감을 들고자 한다. 정의감과 인간에 대한 관심을 갖고 있는 사람이라면 법학을 공부하기에 더욱 적절할 것이다. 앞서 이야기했듯이 법학은 정의를 실현하는 규범체계이고 법조인은 간순히 실정법을 적용하는 기술자가 아니라 인간에 대한 따뜻한 관심으로 정의를 실현하는 사람이기 때문이다.

1. 헌법, 국민의 권리를 정하고 국가를 조직하다

2. 계약법, 약속의 규칙을 정하다

3. 불법행위법, 손해를 구제하다

4. 형법, 범죄를 처벌하다

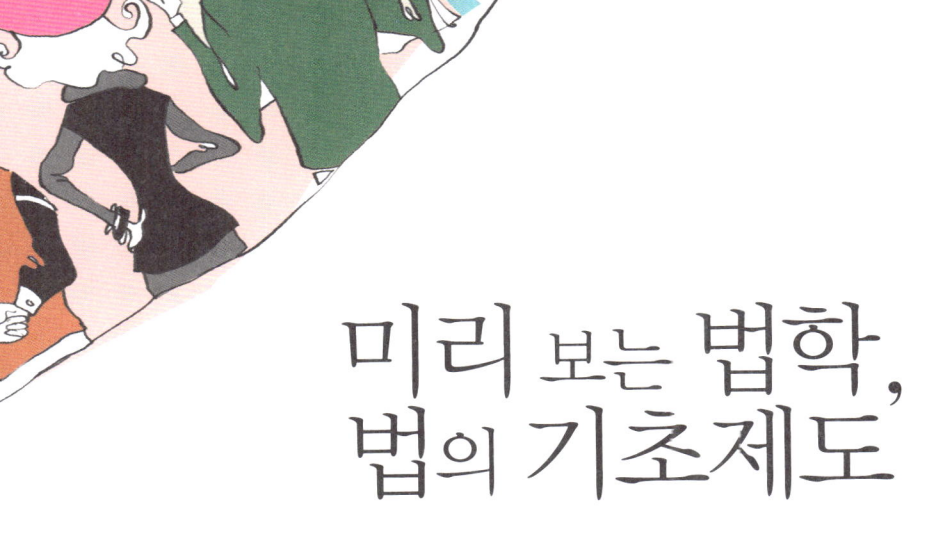

미리 보는 법학,
법의 기초제도

Legal
Information
Center

헌법, 국민의 권리를 정하고 국가를 조직하다

우리는 수많은 법규범을 가지고 있다. 그 법규범들은 서로 충돌하기도 하고 조화를 이루기도 한다.

그래서 여러 법규범의 통일성을 확보하기 위한 몇 가지 원칙이 마련되어 있다. 법체계상 상위에 있는 법이 우선한다는 '상위법 우선의 원칙', 일반적 법률보다는 특별법이 우선한다는 '특별법 우선의 원칙', 새로 만들어진 법이 우선한다는 '신법 우선의 원칙' 등이 그것이다.

그리고 우리는 헌법이라고 하는 모든 법에 우선하는 최상위 규범을 두어 법질서의 전체적인 통일성을 확보하고 있다. 헌법은 모든 법을 지휘하는 일반적 규범을 담고 있는 최상위 규범으로서 한 국가 공동체의 근간을 정하고 있는 기본법이다. 그렇기 때문에 헌법은 법규범 중 유일하게 '국민투표'라는 가장 높은 수준의 민주적 절차에 의해 제정되거나 개정된다.

근대헌법이 탄생한 것은 근대시민혁명을 통해서였다. 봉건체제에 맞

미리 보는 법학,
법의 기초제도

서 싸운 시민들은 혁명의 과정에서 자신의 권리를 문서로서 보장할 것을 요구했고, 그것이 바로 지금의 헌법의 원형이 된 것이다. 이 점은 헌법이 기본적으로 '기본권 장전'임을 보여준다. 즉, 극민의 기본권을 문서로서 명확히 해놓은 것이 바로 헌법인 것이다. 헌법은 거기에 덧붙여 기본권의 보호를 가능하게 하는 몇 가지 기본원리와 기본제도, 그리고 기본권보호를 위한 국가통치구조를 규정해 놓고 있다.

헌법은 어떤 특성을 지녔을까?

헌법은 한 국가의 최고 법규범으로서 다음과 같은 특성을 갖는다. 헌법은 국가의 기본적인 이념들을 담고 있다 보니, 그 즈문들이 대개 추상적인 개념들로 구성되어 있고, 따라서 그 해석은 개방적이다. 예를 들어, 우리 〈헌법〉의 제11조는 "모든 국민은 법 앞에 평등하다"라고 추상적으로 규정하고 있을 뿐, 구체적으로 그 평등이 어떤 것인지는 말하고 있지 않다. 그러다 보니 그 해석은 개방적일 수밖에 없고, 그 구체적인 내용은 법률 등 하위규범에 의해 보충되어야 한다.

그리고 헌법은 하위 법규범이 헌법에 위배되었을 경우 그것을 통제할 수 있는 제도적 장치를 가지고 있다. 그중 하나가 '위헌법률심판'이다. 예컨대, 〈헌법〉 12조 3항에는 "체포 · 구속 · 압수 또는 수색을 할 때에는 적법한 절차에 따라 검사의 신청에 의해 법관이 발부한 영장을 제시하여야 한다"고 규정되어 있다. 그런데 만약 국회에서 영장 없이 구속을 할 수 있는 법률을 통과시켰다고 한다면 이것은 헌법에 위반되는 것이다. 만약 그런 법률이 만들어진다면 일단 효력은 있겠지만, 일정한 요건이 충족되면 위헌법률심판이 제기될 수 있다. 이 소송은 헌법재판소에서 다루어지며, 헌법재판소에서 위헌결정이 나오면, 그 법률의 효력은 즉시 정지된다. 이렇게 헌법은 자신의 규범성을 확보하기 위한 자기보장장치를 가지고 있다.

헌법은 어떻게 구성되어 있나?

우리 헌법은 총 10장의 전문과 부칙으로 되어 있으며, 개별조문은 모두 130개로 구성되어 있다.

전문

제1장 총강	제7장 선거관리
제2장 국민의 권리와 의무	제8장 지방자치
제3장 국회	제9장 경제
제4장 정부	제10장 헌법개정
제5장 법원	부칙
제6장 헌법재판소	

이러한 헌법의 전체 구조를 이론적으로 재구성하여 설명해 보면 다음과 같다. 먼저 헌법의 총체적 목표는 국민의 기본권을 실현하는 것이

미리 보는 법학,
법의 기초제도

다. 그래서 헌법에는 어떤 종류의 기본권이 보장되는지 먼저 명확하게 규정되어 있다. 헌법상 기본권으로는 ① 인간으로서의 존엄권과 행복추구권, ② 평등권, ③ 자유권, ④ 참정권, ⑤ 사회적 기본권(노동권, 교육권 등), ⑥ 절차적 기본권(청구권적 기본권), ⑦ 새로운 유형의 기본권(환경권 등) 등이 나열되어 있다.

또한, 헌법에 나열되지 않았다는 이유로 경시되지 않는다고 〈헌법〉 37조에서 규정함으로써, 다른 기본권도 인정될 수 있을 가능성을 열어두고 있다. 헌법에 나열되어 있지 않지만 헌법상 인정되는 대표적 기본권으로 생명권을 들 수 있다. 그 외에 초상권이나 휴식권도 헌법상 기본권으로 인정될 수 있을 것이다.

그리고 기본권 보호의 전제가 되는 헌법의 기본원리가 제시되어 있다. 헌법의 기본원리로는 민주주의와 국민주권, 자유민주주의, 법치주의, 국제평화주의, 사회국가원리, 문화국가원리 등을 들 수 있다. 그리고 헌법의 기본원리를 실현하고 그것을 구체화, 체계화하는 제도적 장치를 규정하고 있다. 그것이 바로 정당제도, 선거제도, 공무원제도, 지방자치제도, 군사제도, 교육제도, 가족제도 등이다.

법질서의 통일적 체계

모든 법규범의 정점에는 최고의 법규범인 헌법이 있고, 헌법을 중심으로 다른 모든 법규범들은 통일적인 질서를 형성하고 있다. 즉, 가장 상위에 헌법이 있고, 그 아래에 법률, 명령, 규칙, 조례 등의 하위법규범이 차례로 자리하고 있는 것이다.

법규범의 위계적 구조

	제·개정 방법	제·개정의 어려움	추상성과 구체성
헌법	국회 2/3찬성 + 국민투표 과반수 찬성	위로 갈수록 제·개정이 어렵고, 아래로 갈수록 상황변화에 따라 탄력적인 제·개정이 가능하다.	위로 갈수록 추상적이며, 아래로 갈수록 구체적이다.
법률	국회 과반수 찬성		
명령, 규칙	국가행정기관(대통령, 국무총리, 정부부처)에서 제·개정		
조례, 규칙	지방자치단체에서 제·개정		

이들 법규범들은 일단 민주적 정당성에 있어서 차이가 있다. 헌법은 국회의 3분의 2가 찬성하고, 국민투표에서 과반수가 찬성해야 제·개정이 가능한 만큼 강한 민주적 정당성을 요구한다. 하지만 법률은 국민의 대표기관인 국회의 과반수 찬성으로 제정 또는 개정되며, 명령이나 규칙은 선출되지 않은 국무총리나 정부부처에서도 제정할 수 있다. 그리고 위로 갈수록 보다 추상적이고 개방적인 규범들로 구성되어 있고, 아래로 갈수록 구체적인 규범으로 구성된다. 몇 가지 예를 들어 보자.

〈헌법〉 33조 2항 공무원인 근로자는 법률이 정하는 자에 한하여 단결권·단체교섭권 및 단체행동권을 가진다.

미리 보는 법학,
법의 기초제도

〈국가공무원법〉 66조 1항 공무원은 노동운동 기타 공무 이외의 일을 우한 집단

적 행위를 하여서는 아니 된다. 다만 사실상 노무에 종사하는 긍무원은 예외로

한다(예 : 철도청 공무원).

법률용어사전
단결권이란 근로자가 단결체를 결성하여 유지하고 활동하는 제
반의 권리를 말하고, 단체교섭권이란 근로자 단체(노동조합)가
사용자와 교섭할 수 있는 권리를 말하며, 단체행동권이란 사용
자에 대항하여 단체행동을 할 수 있는 권리를 말한다. 이 세 권
리를 노동3권 또는 근로(노동)기본권이라고 부른다.

〈국가공무원법〉 66조 2항에 따라 사실상 노무에 종사하는 공무
원의 범위는 다시 하위법령에서 정하도록 하고 있으며, 그에 따
라 정보통신부 소속의 현업기관과 국립의료원의 작업현장에서
노무에 종사하는 기능직 공무원 및 고용직 공무원 등이 사실상
노무에 종사하는 공무원으로 규정되어 있다.

〈헌법〉에는 공무원인 근로자 중에서 구체적으로 어떤 근로자가 단결

권 · 단체교섭권 · 단체행동권을 갖는지에 대해서는 법률로 정하도록

규정했다. 이것을 법률에 그 구체화가 유보되어 있다고 하여 법률유

보(法律留保)라고 부른다. 법률인 〈국가공무원법〉에서는 공무원의 단

체행동권을 일반적으로 금지시키면서, 사실상 노무에 종사하는 공무

원은 예외로 하는 규정을 두어, 〈헌법〉 33조 2항을 좀 더 구체화하고

〈헌법〉 12조 3항 체포 · 구속 · 압수 또는 수색을 할 때에는 적법한 절차에 따라 검사의 신청에 의해 법관이 발부한 영장을 제시하여야 한다.

〈형사소송법〉 75조 1항 구속영장에는 피고인의 성명, 주거, 죄명, 공소사실의 요지, 인치구금할 장소, 발송년월일, 그 유효기간과 그 기간을 경과하면 집행에 착수하지 못하며 영장을 환부하여야 할 취지를 기재하고 재판장 또는 수명법관이 기명날인하여야 한다.

〈형사소송규칙〉 46조 구속영장에는 법 75조에 규정한 사항 외에 피고인의 생년월일, 직업 및 법 70조 1항 각호에 규정한 구속의 사유(주거불명, 증거은멸, 도망 우려)를 기재하여야 한다.

법률용어사전
① 인치구금(引致拘禁)이란 피고인을 끌어가서 구금하는 것을 말한다.
② 수명법관(受命法官)의 뜻은 명을 받은 법관인데, 구체적으로는 일정한 임무를 수행하는 합의부의 법관을 말한다. 합의재판부는 재판장, 우배석 판사, 좌배석 판사로 구성된다. 재판장은 소송과 관련하여 어떤 임무를 수행하도록 두 배석 판사에게 명령을 할 수 있다. 이때 그 명을 받은 행위를 하는 법관이 수명법관이다.

〈헌법〉 12조 3항을 보면, 인신구속 시 적법한 절차에 따를 것을 규정하고 있고, 그 적법한 절차가 구체적으로 무엇인지는 법률인 〈형사소

송법〉75조 1항에 자세히 규정되어 있다. 그리고 이것은 다시 행정규칙인 〈형사소송규칙〉 46조에 의해 보충된다. 헌법 쪽으로 갈수록 추상적이고, 규칙으로 갈수록 구체적으로 규정이 구성되어 있음을 알 수 있다.

〈헌법〉 32조 4항 여자의 근로는 특별한 보호를 받으며, 고용·임금 및 근로조건에 있어서 부당한 차별을 받지 아니한다.

〈근로기준법〉 65조(사용금지)

① 사용자는 임신 중이거나 산후 1년이 경과되지 아니한 여성(이하 '임산부' 라 한다)과 18세 미만자를 도덕상 또는 보건상 유해·위험한 사업에 사용하지 못한다.

② 사용자는 임산부가 아닌 18세 이상의 여성을 ①항의 규정에 의한 보건상 유해·위험한 사업 중 임신 또는 출산에 관한 기능에 유해·위험한 사업에 사용하지 못한다.

③ ①항 및 ②항에 따른 금지직종은 대통령령으로 정한다.

〈근로기준법 시행령〉 37조(임산부 등의 사용금지직종) 법 65조에 따라 임산부, 임산부가 아닌 18세 이상의 여성 및 18세 미만인 자의 사용이 금지되는 직종의 범위는 별표 4와 같다(*별표4에는 임산부 등의 사용금지직종0 상세히 적혀 있음).

법률용어사전
〈근로기준법〉상 사용자(使用者)란 "사업주 또는 사업의 경영담당자 기타 근로자에 관한 사항에 관하여 사업주를 위하여 행동하는 자"를 말한다(〈근로기준법〉 2조 2항). 근로계약이 체결되면 근로자는 사용자에게 근로를 제공하고, 사용자는 근로자에게 임금을 지급한다.

〈헌법〉 32조 4항에는 여자의 근로를 특별히 보호할 것을 규정하고 있지만, 구체적으로 어떻게 보호할 것인지는 적혀 있지 않다.

법률인 〈근로기준법〉 65조에는 임산부를 도덕상 또는 보건상 유해·위험한 사업에 사용하지 못하도록 하는 좀 더 구체적인 규정이 담겨 있다. 그리고 그 금지직종은 다시 하위법규로서 법규명령인 근로기준법 시행령에 아주 구체적으로 적혀 있다.

그런데 헌법에 모든 내용을 구체적으로 다 담으면 될 것을 왜 이렇게 복잡한 하위규정을 만들어서 구체화시키는 것일까? 그것은 법질서가 안정적이면서 탄력적일 수 있게 하기 위함이다. 만약 개정절차가 극도로 까다로운 헌법에 너무 자세한 규정을 담게 되면, 상황이 변할 때 탄력적으로 대응하는 것이 불가능해진다. 상황이 바뀔 때마다 국민투표를 할 수는 없기 때문이다.

따라서 헌법에는 국민 다수가 보편적으로 합의할 수 있는 일반적인 규정만을 담는 것이 바람직하다. 그리고 법률에서 그 내용을 좀 더 구

체화시키는 것이다.

하지만 법률 역시 국회의 복잡한 절차를 거쳐야 개정이 가능하기 때문에 아주 상세한 내용, 예컨대 위의 근로기준법의 경우 구체적인 직종들은 명령에 규정하는 것이 더욱 바람직할 수 있다. 명령은 대통령, 국무총리, 정부부처에서 비교적 간단한 절차에 의해 제·개정할 수 있기 때문에 상황 변화에 따라 탄력적으로 그 내용을 수정할 수 있다. 산업이 발전하고 변화하는 것에 따라 근로기준법상의 위험한 사업의 종류는 탄력적으로 추가, 축소 또는 변경되어야 한다. 하지만 그때마다 국회에서 법을 개정하거나, 국민투표로 헌법을 거정하는 것은 매우 비효율적이다. 따라서 구체적인 위험 사업의 종류는 상대적으로 제·개정 절차가 간단한 시행령에 규정하는 것이 더 바람직하다고 할 수 있다.

그리고 하위 법규범들은 상위 법규범에서 위임한 범위를 벗어나거나 그 취지에 반하는 내용을 담을 수 없다. 위에서 예로 든 헌법들의 경우로 보자면, 〈헌법〉 33조 2항에도 불구하고 공무원의 노동권을 전면 부정하는 법률이 제정된다거나, 〈헌법〉 12조 3항에도 불구하고 법원 이외의 기관에서 영장을 발부할 수 있게 하는 법률이 제정된다거나, 〈헌법〉 32조 4항에도 불구하고, 여자의 근로를 보호하지 않고 부당한 차별을 하는 법률이 제정된다면 그것은 위헌이다.

또한 상위 법규범이 하위 법규범에 위임되어 있다면 반드시 관련 하위 법규범이 제정되어야 한다. 위의 〈헌법〉 33조 2항에 따라 반드시 어떤 공무원에게 권리를 부여할 것인지를 정하는 법률이 제정되어야 하며, 〈헌법〉 12조 3항에 따라 적법한 절차가 무엇인지를 정하는 법률이 반드시 제정되어야 하는 것이다. 만약 적절하게 법률에 제정되지 않았다면 그것 역시 위헌이 될 수 있다. 법에서 마땅히 하여야 할 일을 일부러 하지 않은 것은 부작위라고 하고, 입법을 해야 함에도 불구하고 하지 않은 것을 '입법부작위'라고 한다. 즉, 적절하게 법률에 제정되어 있지 않았다면 입법부작위에 의해 위헌이 될 수 있는 것이다.

헌법은 국가의 기본적인 이념들을 담고 있다 보니, 그 조문들이 대개 추상적인 개념들로 구성되어 있고, 따라서 그 해석은 개방적이다.

법치국가와 준법의식

법치국가라는 말은 일상생활에서도 자주 쓰이는 말이지만, 그 정확한 의미에 따라 사용되는 경우는 별로 없는 듯하다. 법치국가(法治國家)의 말을 그대로 풀어보면, '법으로 다스리는 국가' 라고 할 수 있을 것이다.

좀 더 구체적으로 살펴보면, 법치국가 또는 법치주의의 역사적 연원은 영국의 법의 지배사상, 독일의 법치국가사상, 미국의 적법절차원리 등에서 찾을 수 있다. 그 공통적인 취지는 국민의 자유와 권리를 보장하기 위해 국가권력의 자의적 행사를 법으로 통제하는 것에 있다. 즉, 법치국가의 목표는 국민의 자유와 권리를 보장하는 것이며, 자유와 권리를 보장하기 위해 국가권력을 법으로 합리적으로 통제하여 자의적으로 국가권력을 행사하는 것을 막는 것이다.

그런 점에서 국민들의 법질서 의식이 해이해졌다고 해서 이를 법치국가의 위기로 보는 것은 적절치 않다. 법치주의를 준수할 의무가 있는 것은 국민이 아니라 국가권력이기 때문이다. 법치주의는 국가권력에게 자의적으로 권력을 행사하지 말 것을 요구하는 이념이다.

따라서 만약 불법집회가 일상화되고 있다면 준법정신의 위기라고 말하는 것이 맞다. 그리고 만약 불법집회에 참가한 자들을 국가가 적법절차를 준수하지 않고 연행하고 있다면, 그것을 보고 법치국가의 위기를 말할 수 있을 것이다.

계약법, 약속의 규칙을 정하다

'계약' 이란 법적 구속력이 인정되는 당사자 사이의 '합의' 로 법률 관계의 형성에 가장 중요한 기초가 된다. 사법에서 법적 관계는 기본적으로 개인들 상호 간의 약속에 의해 형성되게 되고, 특별한 이유가 없는 한 그것은 법적 구속력을 갖게 된다. 예컨대 친구에게 5,000원을 빌려주고 다음 달까지 이자 50원을 포함하여 5,050원을 돌려받기로 약속했다면 그것은 법적 구속력이 있는 법률행위를 한 것이다.

이러한 채권채무 관계뿐만 아니라 부동산 소유권 이전 합의와 같은 계약, 결혼과 같은 가족관계의 구체적 내용도 계약에 의해 형성된다. 개인들은 계약을 맺음으로써 서로에게 일정한 권리를 부여하고, 동시에 서로에게 일정한 의무를 부담시킨다. 즉, 돈을 빌려준 친구는 5,050원을 돌려받을 '권리' 가 생기게 되는 것이고, 돈을 빌린 친구는 5,050원을 돌려줄 '의무' 가 생기는 것이다.

그런데 계약은 사법 영역에서뿐만 아니라 공법 영역에서도 법을 형성

미리 보는 법학,
법의 기초제도

하는 기초가 된다. 근대국가의 정당성을 시민과 국가 사이의 계약으로 설명하는 사회계약론이 그것이다. 즉 법은 모든 개인들이 공평하게 자유를 누리기 위해 모두가 지켜야 하는 행동의 한계에 관한 합의를 그 내용으로 삼고 있는 것이다. 국가는 그 계약 내용을 잘 이행하기 위해 존재하는 도구이다. 이러한 기초 위에 법과 국가는 정당성을 획득하게 된다.

뿐만 아니라 계약은 행정법적 관계를 구체적으로 형성하는 법 개념이 되기도 한다. 예를 들어 〈도로법〉에 의하면 서울특별시와 인천광역시에 걸쳐 있는 도로는 두 자치단체가 계약(합의)에 의하 그 노선을 인정하고(16조 1항), 그 관리청과 관리의 방법도 계약(합의)에 의해 정한다(21조 1항).

또한 형법 영역에서도 계약이 매우 제한적이긴 하지만 일정한 법적 관계를 형성하는 도구가 되기도 한다. 예를 들어, 강간죄와 같은 친고죄나 폭행죄와 같은 반의사불벌죄의 경우 가해자와 피해자가 형사책임을 묻지 않는다는 것에 서로 합의한다면 처벌되지 않는다.

또한 계약은 국제법을 형성하는 중심 개념이다. 국가 간의 합의에 의해 맺은 조약이나 협정이 바로 국가 간의 계약으로 국제법적 효력을 갖는다.

법률용어사전

① 법률행위(法律行爲)란 권리의 변동을 목적으로 의사표시를 하는 행위를 말한다. 예를 들어, 매매, 증여, 취소 등은 전형적인 법률행위의 예다.

② 채권(債券)이란 권리자가 의무자에게 특정한 급부를 청구할 수 있는 권리이며, 채무는 그 급부를 이행해야 할 의무를 말한다. 채권·채무로 결합되어 있는 둘의 관계를 채권채무관계라고 말한다. 예를 들어, A가 B에게 돈을 빌려 줬으면, B는 A에게 돈을 갚을 의무가 있은 자, 즉, 채무자가 되며, A는 B로부터 변제라는 급부를 청구할 수 있는 권리를 가진 자, 즉 채권자가 된다. 이 때 A와 B의 관계가 채권채무관계다.

③ 친고죄(親告罪)란 범죄의 피해자 혹은 기타 법률이 정한 자가 고소·고발해야만 공소할 수 있는 범죄를 말한다. 〈형법〉상 간통죄, 강간죄, 강제추행죄, 준강간죄, 준강제추행죄, 미성년자 등 간음죄, 업무상 위력 등에 의한 간음죄, 혼인빙자간음죄, 사자(死者)명예훼손죄, 모욕죄 등이 친고죄에 해당한다. 피해자나 피해자 가족의 의사와 명예를 존중할 필요가 있고, 피해자의 죄질이 경미한 경우가 있기 때문에 친고죄를 두는 것이다.

④ 반의사불벌죄(反意思不罰罪)는 피해자 의사와 관계없이 처벌이 가능하지만, 피해자가 처벌을 원하지 않는다고 의사를 표할 경우 처벌하지 않는 범죄다. 피해자의 처벌여부에 대한 의사표시가 없어도 형사 사건에 대하여 법원에 심판을 신청하여 진행할 수 있다는 점에서 고소·고발이 있어야만 하는 친고죄와 다르다. 반의사불벌죄로는 단순·존속폭행죄, 과실치상죄, 단순·존속협박죄, 명예훼손죄 및 출판물 등에 의한 명예훼손죄 등이 해당된다.

계약은 취소할 수 있다

계약은 계약 당사자 사이의 자율적인 약속이다. 따라서 계약을 할 때

당사자는 그 약속의 내용을 상대방이 잘 지킬 것을 기대하기 마련이다. 그런데 문제는 계약당사자가 계약 시 상대방의 진정한 의사와는 다른 의사에 대하여 신뢰를 가지고, 그런 신뢰를 바탕으로 다른 행동을 계속하게 되는 경우가 있다는 것이다. 그래서 민법은 그런 경우에 계약을 취소할 수 있게 해 놓았다.

첫 번째는 의사표시에 '착오'가 있는 경우다(〈민법〉 제109조). 이것은 계약서의 표시가 잘못되었거나, 계약서상 내용의 의미를 잘못 이해한 경우다. 단 모든 경우에 있어서 착오로 인한 취소가 인정되는 것은 아니고, "법률행위의 내용의 중요 부분에 착오가 있는" 경우에만 취소가 인정된다.

가장 문제가 되는 것은 '동기'의 착오다. 이것은 의사표시의 배경이 된 사실을 잘못 안 경우를 말한다. 예를 들어, 그린벨트가 해제될 것이라고 잘못 알고 토지를 비싼 가격에 산 경우가 이에 해당한다. 이처럼 동기의 착오가 인정되어 계약이 취소되기 위해서는 일반인이 '착오로 의사표시를 한 사람'의 입장에 섰더라면 그러한 의사표시를 하지 않았을 것이라고 인정될 정도로 그 착오가 중요한 부분에 관한 것이어야 한다.

또한 의사표시가 사기나 강박에 의해 이루어진 경우에도 취소할 수 있다(〈민법〉 제110조). 사기는 상대방을 속여서 착오에 빠뜨리는 것을 말한다. 예를 들어, 거래하려고 하는 건물이 반복적으로 침수가 되는 건물이라거나 무허가 건물이라는 것을 알면서 이를 속이고 매도를 했다면 그것은 사기에 의한 의사표시에 기반을 둔 계약이기 때문에 취소할 수 있다.

강박(強拍)은 상대방의 불이익이나 해악을 알려주어 공포심을 유발하는 행위를 말한다. 예를 들어, 남편이 구속되어 당황하고 있는 아내를 깡패를 동원해 밤낮으로 찾아가 괴롭히고, 추가로 고소할 것을 협박하고, 회유하여 계약서에 서명하게 했다면, 그 계약은 강박에 의한 의사표시로 취소가 가능할 것이다.

이렇게 계약이 맺어졌음에도 불구하고 그 계약을 취소할 수 있도록 하는 이유는 개인의 진정한 의사가 실현되도록 하기 위함이다. 진정한 의사가 아닌 다른 의사에 의해 계약이 맺어진 경우는 진정한 상호적 약속이라고 볼 수 없다. 상호성이 상실된 계약은 구속력을 인정할 필요가 없다는 것이 계약제도의 중요한 원칙이다.

계약이 진정한 의사의 합치로 이루어진 경우에도, 그 계약의 기초가 된 사정이 현저하게 변경되어 당사자 한쪽이 그 계약을 내용대로 이행할 것을 도저히 기대할 수 없게 된 경우에도 예외적으로 그 계약은 해제될 수 있다. 이를 '사정변경의 원칙'이라고 한다.

예를 들어, A와 B는 부동산매매계약을 체결했고, 매수인(물건을 사는 사람) A는 매도인(물건을 파는 사람) B에게 상당한 시간이 흐른 뒤에 잔대금 1,000

만 원을 지불하려고 했다. 그런데 그 사이에 전쟁이 발발하여 극심한 인플레가 발생해 돈의 가치가 급격히 하락하였기 때문에, 계약상 잔 대금인 1,000만 원만을 지불하면 매도인의 입장에서 불이익을 받게 되는 상황이 벌어진 것이다. 만약 그 불이익이 현저한 수준이라면 매도인은 그 계약을 해제하여 계약의 구속력으로부터 벗어날 수 있다.

이러한 사정변경의 원칙을 둔 것 역시 상호성의 원칙 때문이다. 계약의 전제가 된 상황이 현저하게 변했다면, 계약당사자의 계약 이행에 대한 상호적 신뢰는 더 이상 유지되지 않기 때문이다. 물론 어느 정도로 사정이 현저하게 변해야 상호적 신뢰가 무너진 것으로 보는지에 대해서는 견해가 다를 수 있다. 우리 법원은 여기에서 말하는 사정은 계약의 기초가 되었던 객관적인 사정으로서 일방 당사자의 주관적 또는 개인적 사정을 의미하는 것은 아니라고 보고 있다. 즉, 법원은 사정변경의 원칙을 매우 엄격한 요건하에서만 인정하고 있다.

법률용어사전

해제(解除)란 유효하게 성립한 계약의 효력을 당사자 일방의 의사표시에 의하여 소급적으로 소멸케 하여, 계약이 처음부터 성립하지 않았던 것과 같은 상태로 되돌리는 것을 말한다. 여기에서 소급(遡及)이란 과거에까지 거슬러 올라가서 미치게 한다는 것을 뜻한다.

계약의 자유에는 한계가 있다

계약은 기본적으로 계약당사자의 자유로운 의사에 기반을 둔다. 계약의 자유는 크게 세 가지 내용을 갖는다. 먼저 개인은 법률관계를 형성함에 있어 자유로이 계약을 체결할지의 여부를 결정할 수 있다는 것이다. 이것이 '계약체결의 자유'다. 그리고 각 개인은 그 계약체결의 방식을 어떤 방식으로 할 것인지를 자유롭게 결정할 수 있다. 이것이 '계약방식의 자유'다. 서면으로 계약서를 작성하든, 구두(말)로 합의하든 그 방식은 당사자의 자유에 맡겨져 있다. 또한 계약당사자는 계약 내용을 어떤 것으로 할 것인지도 자유롭게 결정할 수 있다. 이것이 '계약내용의 자유'다.

이러한 계약의 자유는 계약내용에 대한 사법규정들이 임의규정이라는 점에서도 잘 드러난다. 즉, 〈민법〉에 계약내용에 대한 규정들이 있긴 하지만, 그것은 계약당사자의 특별한 합의가 없는 경우에만 보충적으로 적용된다.

예컨대, 매매한 물건에 하자가 있는 경우에 매도인은 '하자담보책임'(〈민법〉 570~584조)을 지게 되어 있다. 하자담보책임(瑕疵擔保責任)이란 매매 등에서 그 목적물에 하자가 있는 경우 매도인이 부담하는 책임을 말한다. 매수인은 목적물의 하자로 인해 계약의 목적을 달성할 수 없는 경우에, 계약을 해제하거나 손해배상을 청구할 권리를 갖는다(〈민법〉 580·581조).

하지만 이 규정은 계약당사자들이 그에 관해 다른 약정을 하지 않은

경우에만 적용된다. 그래서 이런 규정을 임의규정 또는 임의적 법률 규정이라고 부른다. 규정이 있긴 하지만, 반드시 적용되는 강행규정 이 아니라 특별한 약정이 없는 경우에만 임의적으로 적용된다는 의미다. 하지만 거래의 안전을 도모하거나 권리남용을 막고, 사회적 약자를 보호하기 위해 계약의 자유는 일정하게 제한될 수 있다.

① 개별법에 의해 계약의 자유가 제한되는 경우

먼저 개별법에서 계약의 자유를 제한하고 있는 경우가 있다. 먼저 물권법에서 물권의 종류는 법률 또는 관습법에 의하는 것 외에는 개인이 자유롭게 정할 수 없게 되어 있다(〈민법〉 185조). 또한 토지의 소유권을 이전시키기 위해서는 당사자 사이의 '소유권 이전의 합의' 뿐만 아니라 '등기명의의 이전' 이라는 방식을 반드시 따라야 한다(〈민법〉 186조).

예를 들어, 어떤 토지를 매매하기로 매도인과 매수인이 합의했다고 하더라도, 그 토지의 소유권의 이전이 법적 효력을 가지기 위해서는 그 토지의 등기 명의를 매도인으로부터 매수인에게로 이전해야 한다는 것이다. 이것은 소유권 관계의 변동을 등기부를 통해 공개하도록 함으로써 거래의 안전을 도모하기 위한 것이다.

또한 가족법에서는 유언의 방식을 자필증서, 녹음, 공정증서, 비밀증서, 구수증서의 다섯 가지로 한정시키고 있다(〈민법〉 1065조). 이것은 유언자의 진의를 명확히 하는 것은 물론, 유언으로 인한 법적 분쟁과 혼란을 예방해 거래의 안전을 도모하기 위한 것이다.

한편 가족법에는 윤리적인 이유에서 자유가 제한되어 있는 경우도 있다. 동성동본인 혈족 사이의 혼인계약을 금지시켰던 것이나(구(舊)〈민법〉 809조 1항), 혼인한 사람이 다시 혼인을 하는 것(중혼)을 금지하는 것(〈민법〉 810조) 등이 그 예다.

윤리적인 문제는 공동체의 윤리규범에 따라 다를 수도 있고, 시간에 따라 변동될 수도 있다. 실제로 1958년 민법 제정 시부터 격렬한 찬반 논의를 불러일으켰던 동성동본불혼 규정도 그로부터 반세기 가까운 시간이 지난 2005년에 이르러 폐지되었다. 우리의 경우에는 1997년 헌법재판소는 동성동본불혼 조항이 양성평등과 혼인의 자유를 침해한다고 하여 헌법불합치 결정을 내렸고, 이에 따라 2005년 이 조항은 8촌 이내의 혈족 사이에서만 혼인을 금지한다는 '근친혼금지 조항'으로 개정된 것이다. 또한 중혼은 일부 국가에서 인정되고 있기도 하다.

반면 형법에서는 계약의 자유가 거의 인정되지 않는다. 검사와 피고인 사이에 범죄사실을 자백하면 구형을 낮게 한다는 계약이 이루어져도 법원은 그 계약내용대로 범죄사실을 인정하거나 낮은 형량을 선고해야 할 의무가 전혀 없다. 그 계약을 검사나 피고인이 이행하지 않는다고 해도, 국가형벌권의 행사는 달라지지 않는다. 이것은 형사법이 사적 자치가 인정되지 않는 법영역이기 때문이다. 형사법은 기본적으

로 개인 간의 관계가 아니라 국가가 개인을 벌주는 형벌권에 관련된 내용을 담고 있다.

법률용어사전
① 등기(登記)란 등기소에 근무하는 등기관이 등기부에 부동산의 표시·권리를 기재하는 것 또는 기재 그 자체를 말한다. 등기의 대상에는 대표적으로 토지와 건물이 있다.
② 구형(求刑)이란 검사가 구체적 형벌에 관해 의견을 진술하는 것을 말한다. 형사재판에서 피고인 신문과 증거조사가 끝나면, 검사는 사실 및 법률적용에 관한 의견을 진술하는데(〈형사소송법〉 302조), 구체적 형벌의 종류 및 양에 대해서도 의견을 진술한다. 예컨대 검사의 구형에는 대략 다음과 같은 진술을 하게 된다. "피고인 A가 X를 범한 사실이 인정되어, 〈형법〉 Y조항을 위반한 것이므로, 징역 Z년을 구형한다."

② 공정성의 원리에 의해 계약의 자유가 제한되는 경우

이 외에도 〈민법〉은 신의성실의 원칙과 권리남용의 금지를 기본원리로 선언하고 있으며(〈민법〉 2조), 법률행위를 무효로 만드는 법률행위의 유형을 명시하고 있다.

〈민법〉 103조 선량한 풍속 기타 사회질서에 위반한 사항을 내용으로 하는 법률행위는 무효로 한다.
〈민법〉 104조 당사자의 궁박, 경솔, 또는 무경험으로 인하여 현저하게 공정을 잃은 법률행위는 무효로 한다.

"선량한 풍속 기타 사회질서에 위반한 사항"으로는 살인청부계약이나 혼인금지의 약속, 뇌물계약 등을 들 수 있다. 최근에는 비자금 조성을 위해 두 회사가 맺은 계약을 무효로 하는 판결도 나왔다. 이러한 계약은 당사자의 자유로운 의사에 의해 체결된 계약이라고 해도 그 효력이 전혀 없다.

또한 〈민법〉은 "궁박, 경솔, 무경험으로 인해 현저하게 공정을 잃은 법률행위"도 무효로 하고 있다. 여기서 궁박(窮迫)이란 심각하게 가난한 상태를 말하는 것으로, 어머니의 병이 매우 위독한데, 병원비를 전혀 댈 수 없는 상황에서 감정가에 30%도 안 되는 가격에 가옥을 매각한 경우가 이에 해당된다고 할 수 있다.

경솔이란 신중하지 못한 것을 말하는 것으로, 판매원의 교묘한 상술에 넘어가서 상품을 시판가보다 훨씬 비싼 가격에 충동구매한 경우를 생각해 볼 수 있다. 마지막으로 무경험이란 해당 법률행위에 대해 경험이 없는 상태를 말하는 것으로, 평생 시골에서만 살아온 고령의 노인이 실제 거래가의 절반도 안 되는 가격에 농지를 매각한 경우가 이에 해당된다.

〈민법〉은 이러한 예외적인 경우에 사적 자치보다는 공정성의 원리가 작동하도록 하고 있다. 일반적인 사적 자치의 원리에 따르면, 노파와 매도인의 계약의 효력을 그대로 인정해야겠지만, 민법은 여기서 공정성의 원리

를 우선시하여 그 계약을 무효로 하고 있는 것이다.

③ 보통거래약관에 의해 계약의 자유가 제한되는 경우

기업과 소비자 사이에서 전형적이고 대규모로, 그리고 반복적으로 이루어지는 계약에서 임의적인 민법 규정의 적용을 배제하는 표준화된 약정이 자동적으로 부과되는 경우가 있는데, 이것을 '보통거래약관'이라고 한다.

예컨대, 인터넷 사이트에서 회원 가입을 하는 경우, 소비자는 회원 가입이라는 계약을 어떻게 할 것인지에 대해 인터넷서비스업체와 그 내용을 협의하지 않는다. 대신 보통거래약관에 미리 정해져 있는 계약 내용으로만 계약이 이루어진다. 만약 소비자가 약관과 다른 내용으로 계약을 하고 싶어도 그것은 불가능하다. 소비자는 오직 '위의 약관에 동의하십니까?' 라는 질문에 '예/아니오' 중 하나를 선택할 수 있을 뿐이다. 보통거래약관은 실제로 자동차매매나 보험가입, 은행거래, 신용카드 가입 등 현대사회에서 빈번하게 일어나는 계약에서 많이 쓰이고 있다.

보통거래약관을 쓰는 이유는 거래관계를 명확히 하고, 거래에서 발생할 수 있는 위험에 대한 예견가능성을 높이고, 집단적 거래를 신속 정확하고 합리적으로 처리할 수 있게 하기 위해서다. 만약 인터넷 업체가 매번 가입계약을 할 때마다 소비자와 계약 내용에 대해 협상해야 한다면 그 비용과 시간이 지나치게 많이 소요될 것이다. 보통거래약관은 그런 비용과 시간을 줄이기 위한 목적으로 사용되는 것이다.

하지만 보통거래약관은 기업 측에서 정하는 것이기 때문에, 소비자에게 불리하게 정해질 수 있다는 문제가 있다. 또한 자유롭게 계약의 내용을 정하고 싶은 소비자의 자유를 제약해 사적 자치의 원리를 위축시킨다는 문제도 있다. 그래서 우리 법은 이에 대한 몇 가지 대책을 세워두고 있다. 예컨대 〈약관의 규제에 관한 법률〉은 신의성실의 원칙에 반하여 공정성을 잃은 약관 조항을 무효로 하고 있다(6조 1항). 또한 문제가 될 수 있는 약관 조항의 유형들을 무효 사유로 규정하고 있다(7~14조).

앞에서 보았듯이 일반적인 사적계약에서도 선량한 풍속이나 사회질서를 위반한 법률행위나 불공정한 법률행위를 무효로 하고 있지만, 보통거래약관에 의해 이루어진 계약은 보다 강력한 규제를 받고 있는 것이다. 보통거래약관을 사용하는 기업은 거래를 신속하

고 편리하게 할 수 있는 이득을 챙기지만, 〈약관의 규제에 관한 법률〉의 통제를 받게 된다는 부담도 동시에 지게 된다. 이 외에도 〈방문판매 등에 관한 법률〉이나 〈할부 거래에 관한 법률〉도 약관규제의 기능을 발휘한다.

④ 정책적 이유에 의해 계약의 자유가 제한되는 경우

계약의 자유는 정책적 이유에 의해서 제한되기도 한다. 먼저 사회적 약자를 보호해야 한다는 사회적 연대성의 이념에 의해 계약의 자유가 제한될 수 있다. 예컨대 일반적으로 고용계약(〈민법〉 664~667조)에서는 사용자와 취업자가 불평등한 위치에 있다고 할 수 있다. 일자리가 부족한 상황에서 사용자가 하루에 15시간 일하는 근로계약을 체결하고자 하면 취업자는 어쩔 수 없이 그 계약에 응할 수밖에 없을 것이다. 그래서 〈근로기준법〉에서는 일정한 근로조건을 정해 놓고, 그 기준을 위반하는 고용계약을 규제하고 있다.

〈근로기준법〉에 따르면, 주 40시간, 하루 8시간 노동을 기본으로 하고, 일정한 요건하에 연장근로가 가능하지만, 연장근로시간은 법의 제한을 받는다(50~53조). 그리고 이 조항을 위반한 자는 2년 이하의 징역 또는 1천만 원 이하의 벌금에 처하도록 하고 있다(110조).

주택임대차계약에서도 마찬가지다. 일반적으로 주택임대차계약에서 임대인(주택을 빌려주는 사람)과 임차인(주택을 빌리는 사람)은 불평등한 지위에 있기 때문에 임차인에게 불리한 계약이 체결될 수 있다. 그래서 〈주택임대차보호법〉은 임차인을 보호하기 위해 주택임대차계약의 내용을 제한하고 있다. 예컨대, 임대차 기간을 정하지 않거나 2년 미만으로 계약을 했어도, 임대차는 그 기간을 2년으로 간주하고(4조), 임대인이 임대차기간만료 전 6월부터 1월까지 임차인에게 계약을 갱신한다는 통지를 하지 아니하면, 임대차기간이 만료된 때 다시 임대차한 것으로 간주하는 것(6조)이 그것이다.

또한 공공재의 생산과 분배에 관련해서도 계약의 자유가 제한되는 경우가 있다. 예를 들어 통신, 운송, 수도, 전기, 가스 등의 공공재를 공급하는 사업체는 정당한 이유 없이 서비스의 제공을 거부할 수 없도록 관계법령이 규제하고 있다. 예를 들어, 음식점이나 옷가게에서는 특정 손님에게 음식이나 옷을 파는 것을 거부할 수 있다. 매매계약의 체결 여부는 당사자의 자유에 맡겨져 있기 때문이다. 하지만, 공공서비스제공업자는 소비자가 서비스 제공을 요구했을 때 정당한 이유 없이 거절할 수 없도록 되어 있다. 예를 들어, 〈전기사업법〉 14조는 "발전사업자 및 전기판매사업자는 정당한 사유 없이 전기의 공급을 거부하여서는 아니 된다"고 규정해 전기사업자의 계약의 자유를 제한하고 있다. 이 규정을 어기면 사업허가가 취소될 수 있고(12조), 2년 이하의 징역 또는 1천만 원 이하의 벌금에 처하게 된다(102조).

이렇게 계약을 제한하는 이유에는 공공재는 국민이라면 누구나 공평하게 이용해야 한다는 이념이 바탕에 깔려 있다. 또한 음식이나 옷은 다른 음식점이나 옷가게를 이용할 수 있지만, 서비스제공업체의 수가

극도로 적은 공공서비스의 경우에는 대체 가능성이 없다는 점도 계약의 자유를 제한하는 이유다.

비슷한 맥락에서 공증인, 의료인, 약사 등 전문직업인 역시 자신들의 전문적인 서비스를 제공하는 계약체결을 거부하지 못하도록 되어 있다(〈공증인법〉 4조, 〈의료법〉 15조, 〈약사법〉 22조). 그것은 그들의 업무가 공익적인 성격을 가지고 있기 때문이다. 의사의 치료행위는 공익적인 성격을 가지고 있는데, 의사가 환자를 선택적으로 진료하거나 치료를 거부하면 국민의 건강이라는 공익이 위협받을 수 있다. 따라서 〈의료법〉 15조 1항에서는 "의료인은 진료나 조산 요청을 받으면 정당한 사유 없이 거부하지 못한다"고 규정하고 있고, 〈응급의료에 관한 법률〉 6조 2항에서도 응급의료종사자가 응급의료를 정당한 사유 없이 거부하거나 기피하지 못하도록 되어 있다.

불법행위법,
손해를 구제하다

계약의 자유에서 보듯이 법은 개인에게 자유로운 행동의 공간을 보장하고 있다. 즉, 법적 관계를 형성하는 것은 개인의 자유에 맡겨져 있다. 이것이 바로 '사적 자치'라는 법의 중요한 이념이다. 그런데 이러한 자유를 향유하는 것은 어디까지나 타인의 권리나 보호할 가치가 있는 이익을 침해하지 않는 한에서만 인정되는 것이다. 즉, 타인에게 손해를 발생시키지 않는 한에서만 그 자유가 인정된다. 그래서 칸트는 "법이란 한 사람의 자의가 다른 사람의 자의와 자유의 일반법칙하에서 서로 조화될 수 있는 조건의 총체"라고 말했다. 즉, 법의 이념적 목표는 평화로운 공존조건을 마련하는 것이다. 그런데 위법한 행위로 인해 타인에게 손해를 끼치면 평화로운 공존조건은 깨지게 된다. 이때는 그 손해를 전보하도록 해야 평화로운 공존조건이 유지될 수 있다. 그것은 곧 '평균적 정의'의 요청이기도 하다.

평균적 정의는 교환적 정의 또는 시정적(是正的) 정의라고도 한다. 평

균적 정의는 두 당사자의 관계가 등가, 즉 1:1의 관계여야 하며, 그것이 깨질 때는 그 균형을 회복해야 한다는 사법상의 기본적인 정의이념이다. 즉, 평등한 관계에 있는 A와 B의 사이에서, A가 B에게 상처를 입혔다면, A가 B의 상처를 회복시키기 위해 치료를 해주거나 치료비를 부당해 주어야 평균적 정의가 회복될 수 있는 것이다.

법률용어사전
전보(塡補)란 '부족한 것을 메운다'는 뜻이고, '손해의 전보'란 발생한 손해를 회복·복구시키는 것을 말한다. 손해전보에는 원상복구하거나 그에 대응하는 금전을 지급하는 두 가지 방법이 있다. 예를 들어, A가 B의 안경을 부러뜨렸다면, 부러진 안경을 다시 붙여서 원상태로 만들거나 그에 상응하는 비용을 배상하는 것이 바로 손해의 전보다.

불법행위법의 기본 원리 알아보기

그렇다면 어떤 법적 요건이 충족되어야 손해전보의 법적 의무가 발생하는 것일까? 민법상 불법행위란 '고의 또는 과실로 위법하게 타인에게 손해를 가하는 행위'를 말하고, 그런 경우에 손해를 가한 자는 그 손해를 배상할 책임이 있다(〈민법〉 750조). 불법행위의 성립 요건은 다시 다음과 같이 나눌 수 있다.

유책성 가해 행위자에게 고의·과실이 있어야 한다. 고의는 의도적으로 한 행위를 말하고, 과실은 주의의무를 위반한 행위를 말한다.

책임능력 〈민법〉은 753조 및 754조에서 미성년자와 심신상실자(심신장애로 사물에 대한 변별력이 없고, 의사를 전혀 결정하지 못하는 사람)의 손해배상의무를 면책시키는 규정을 두고 있다. 반대로 말하면 미성년자와 심신상실자가 아닌 이상 손해배상의무의 책임능력이 있는 것으로 간주된다.

손해야기행위 손해를 야기하는 행위가 있어야 한다.

손해의 발생 여기서 손해란 재산적 손해와 정신적 손해를 모두 포함하는 것이며, 현실적으로 손해가 발생해야 불법행위책임의 요건이 충족된다.

손해야기행위와 손해발생 사이의 인과관계 불법행위가 성립하기 위해서는 가해행위와 손해발생 사이에 인과관계가 존재해야 한다.

위법성 가해행위는 위법성이 있어야 하는데 여기서 위법성이란 법질서에 반하는 인간의 행위, 즉 법질서가 보호하는 이익을 침해한 것을 말한다. 법이 보호하는 이익에는 대표적으로 재산이나 인격을 들 수 있다. 즉, 가해행위가 재산이나 인격과 같이 법이 보호하는 이익을 침해해야 그것을 위법하다고 할 수 있다.

예를 들어 A가 야구놀이를 하다가, 실수로 B의 집에 야구공을 던져 유리창을 깼다고 한다면, A와 B 사이에는 어떠한 계약도 없었지만, A는 B에 대해 불법행위 책임을 지게 된 것이다. 먼저 A는 야구놀이를 하는 과정에서 충분한 주의의무를 다하

지 않은 과실이 있으므로, '유책성' 요건이 충족되며, 미성년자가 아니라면 '책임능력'도 인정된다. 야구공을 던진 행위가 '손해야기행위'이고, 유리창이 깨졌기 때문에 재산상 '손해'가 발생했다. 즉, 행위와 손해 사이의 '인과관계' 역시 성립한다. 그리고 재산이라는 법이 보호하는 이익이 침해되었으므로, A의 행위는 위법한 행위라고 할 수 있다. 결국 A는 B에 대해 '불법행위책임'을 지게 된다.

제조물의 결함만으로도 책임이 있다!

현대사회에서는 사회적 강자에 대한 손해전보의무를 강화하는 방향으로 나아가고 있다. 즉, 근로자에 대한 사용자의, 혼자에 대한 의사의, 소비자에 대한 기업의 손해전보의무가 강화되고 있다는 것이다. 반대로 말하면, 사회적 강자의 손해전보의무를 부담하기 위한 법적 요건이 완화되고 있는 것이다.

예를 들어, 이전에는 제조물의 결함으로 인해 소비자가 피해를 입을 경우, 제조업자를 상대로 소송을 제기해도 승소하는 것이 쉽지 않았다. 민법상 불법행위법의 전통적인 법리에 따르면, 제조업자의 고의나 과실이 있음을 증명해야 했기 때문이다. 하지만 긴법의 특별법인 〈제조물책임법〉에 따르면, 제조업자의 고의나 과실이 없어도 단지 제조물의 결함이 있다는 것만으로도 제조업자의 책임을 부과할 수 있다. 또한 판례에 따르면 제조업자가 제품의 결함이 손해의 원인이 아니라는 것을 증명하는 데 실패하면, 제품의 결함이 손해의 원인이라고 추정하도록 하고 있다. 이러한 〈제조물책임법〉은 1960년 미국에서 시작되어, 지금은 유럽연합, 중국, 일본 등 선진 각국에서 대부분 시행되고 있다. 우리나라의 경우 1999년 〈제조물책임법〉이 통과되었고 2002년부터 시행되고 있다.

미국에서 한 할머니가 커피를 사서 차를 타고 가다가, 컵을 다리 사이에 놓고 뚜껑을 여는 과정에서 커피가 쏟아져 3도 화상을 입은 사건이 있었다. 이 할머니는 커피 판매회사를 상대로 손해배상청구소송을 제기하여 270만 달러의 보상을 받았다. 민법상 불법행위법의 법리에 의하면, 이 경우 커피 판매회사의 고의나 과실을 인정하는 것은 어렵기 때문에 불법행위책임을 묻기 힘들다. 하지만 〈제조물책임법〉에 의하면 제조물의 결함만으로도 제조업자에게 불법행위책임을 물릴 수 있다. 커피 컵의 설계에 결함이 있음이 증명되거나, 뜨거운 커피가 화상을 입힐 수 있음에 대한 경고 표시를 충분히 하지 않은 것만으로도 책임이 부과되는 것이다. 특히 후자를 '표시상의 결함'이라고 하여, 일종의 제조물의 결함으로 간주한다.

예컨대 담배회사에서 담배의 위험성을 충분히 표시하지 않은 것도 표시상의 결함으로 인정되어 배상이 이루어질 수 있다. 앞으로 패스트푸드가 비만 등 각종 질병을 일으킬 위험성이 높다는 것이 증명된다면, 패스트푸드 업체도 '이 음식이 비만을 일으킬 수 있습니다'라는 경고문을 삽입하지 않았다는 이유, 즉 표시상의 결함이 있는 제조물을 판매했다는 이유로 소송 대상이 될지도 모른다.

이것은 제조업자가 제조물에 대해 보다 많은 지식을 가지고 있는 사회적 강자이고, 소비자는 사회적 약자라는 점이 전제된 것이다. 화상을 입은 할머니의 부주의가 전혀 없다고 할 수 없지만, 커피판매자는 뜨거운 커피가 소비자에게 상해를 입힐 수 있음을 충분히 예견할 수 있었음에도 불구하고, 그런 점에 대해 미리 충분히 주의를 주지 않았고, 화상을 예방할 수 있는 모양의 컵을 제공하지 않은 책임이 있다는 것이다. 이렇게 제조자에게 강한 책임을 부과하는 법이 제정됨으로써 제조자는 자신의 제조물이 가져올 수 있는 위험을 예측하고 해결책을 제시해야 하는 부담을 지게 된 것이다.

그 외에도 〈근로기준법〉에 의하면, 근로자가 업무상 부상을 입은 경우 사용자의 고의 또는 과실이 없어도 그 비용으로 필요한 요양을 행하거나 필요한 요양비를 부담해야 한다(78조). 또한 〈자동차 손해배상보장법〉에 따르면 자동차를 몰다가 사람을 다치게 한 경우, 운전자는 "자기와 운전자가 자동차의 운행에 주의를 게을리 하지 아니하였고, 피해자 또는 자기 및 운전자 외의 제3자에게 고의 또는 과실이 있으며, 자동차의 구조상의 결함이나 기능상의 장해가 없었다는 것"을 증명하지 못하는 한 피해자에게 배상할 의무를 진다(3조). 그러나 운전자가 그러한 사항을 증명해내기란 매우 어렵기 때문에, 뒤에서 설명하는 바와 같이 자동차 운전자는 사실상 과실이 없어도 책임을 지게 된다고 말할 수 있다(이른바 '무과실책임').

교통사고를 냈다면, 손해배상은 물론 형사처벌도 받아야 한다

손해의 전보는 반드시 민법상 불법행위로만 나타나는 것은 아니다. 그것은 공법, 사법, 형사법의 세 영역에서 모두 나타난다. 예를 들어, 공무원이 공무수행을 위해 차를 몰다가 파란불에 횡단보도를 건너던 행인을 치어 다치게 한 경우, 공법, 사법, 형사법적 책임을 모두 져야 한다. 만약 운전자가 공무원이 아니었다면, 사법과 형법상의 책임만 지게 될 것이다.

> **사법** 불법행위에 따른 손해배상책임(〈민법〉 750조)
>
> **형법** 업무상 과실치상죄(〈형법〉 268조, 〈교통사고처리특례법〉 3조)에 따른 형사책임
>
> **공법** 국가공무원의 직무상 위법행위로 인한 손해에 대한 배상책임(〈국가배상법〉 2조 1항)

민사상 손해배상책임, 형사책임, 공무원의 직무상 위법행위로 인한 국가배상책임은 그 기본 구조에 있어서 동일하다. 즉, 민사상 불법행위에 따른 손해배상책임의 요건으로 언급했던 유책성, 책임능력, 손해야기행위, 손해발생, 손해야

기행위와 손해발생 사이의 인과관계, 위법성이라는 요건은 세 가지 법 영역의 책임에서 동일하게 제기된다.

하지만 이들 법적 책임의 세 가지 형태는 책임능력에서 차이가 난다. 〈형법〉에서는 13세 이하의 아이에게는 형사책임이 인정되지 않는다(〈형법〉 9조). 그러나 〈민법〉에서는 미성년자가 배상책임에서 면제되기는 하지만(〈민법〉 753조), 부모 등 감독자가 배상책임을 대신 지게 되는 경우가 있다(〈민법〉 755조). 한편 국가배상책임은 가해자가 공무원이었어야 하고, 그 손해야기행위가 직무와 관련하여 이루어졌어야 한다(〈국가배상법〉 2조 1항).

국가의 공법적 책임(국가배상책임)이 제도화된 것은 20세기 이후다. 20세기 이후 국민의 권리의식이 성장하면서 국가가 위법하게 국민의 기본권을 침해한 경우에 대한 배상을 규정하게 되었고, 그에 따라 국가의 배상책임이 제도화된 것이다. 그런데 최근에는 손실보상제도, 즉 적법한 공권력의 행사로 인한 개인의 손실을 보상하는 제도(〈헌법〉 23조 3항)가 발전해 나가고 있다. 국가배상책임이 기본적으로 국가의 위법적 행위를 전제로 하는 반면, 손실보상제도는 국가의 적법한 행위를 전제로 한다는 점에서 근본적인 차이가 있다. 손실보상법은 〈공익사업을 위한 토지 등의 취득 및 보상에 관한 법률〉, 〈지가공시 및 토지 등의 평가에 관한 법률〉 등에 규정되어 있다. 최근에는 국가배상책임과 손실보상책임의 요건이 점점 완화되고, 그 적용 범위가 점점 확대되고 있다.

이에 비해 민사상 손해배상책임과 형사책임은 국가배상책임보다 그 역사가 훨씬 길다. 두 책임이 분화된 것은 근대 이후의 일이다. 물론 일반시민들은 두 책임이 분화되었다는 사실을 간과할 수도 있다. 특히 근대적 사고가 충분히 성숙하지 못한 우리의 경우에는 더욱 그러하다.

예를 들어 A가 신호위반으로 교통사고를 내서 B에게 상해를 입힌 경우, 손해를 배상하면 충분하다고 생각할 수 있다. 손해를 완전히 배상했는데, 과실치상죄로 처벌을 받아야 한다면 의아하게 생각하는 사람도 많다. 반대로 형사처벌을 받으면 손해배상책임은 지지 않아도 된다고 생각하기도 한다. 배상할 돈이 없으면 교도소에서 몇 개월 살다 오면 된다고 생각하기도 한다.

민사책임과 형사책임은 어떻게 다를까?

하지만 민사책임과 형사책임은 전혀 별개의 것으로 그 목표가 전혀 다르다. 민사책임은 '가해자와 피해자 사이에 손해와 이익'을 공평하게 분배하는 것이 목적이고, 형사책임은 가해자에 대한 제재를 통해 규범을 잘 지키도록 하는 것이다.

민사책임은 A가 B에게 손해를 입혔기 때문에 그 손해만큼의 금전을 배상하게 하여 깨진 불균형을 회복시키는 데 목표가 있다. 반면 형사책임은 '교통신호를 지켜야 한다'는 법규범의 효력을 유지하기 위해 그것을 위반한 자를 처벌하고, 일반인들에게 이 법규범을 어기면 처

벌받는다는 것을 환기시켜 교통신 호의 준수를 유도하는 데 그 목적이 있는 것이다. 그 외에도 민사책임은 피 해자가 민사소송을 제기함에 따라 재판 절차가 시작되고, 피해자가 원고, 가해자

가 피고가 되지만, 형사책임은 공익의 대표자인 검사가 기소를 해야 재판절차가 시작되며, 검사와 피고인(가해자)이 재판중에서 죄책을 다투게 된다는 차이가 있다.

또한 이른바 '과실상계'라는 원리가 민사책임에는 적용되는 반면, 형사책임에는 적용되지 않는다. 민사책임은 손해와 이익의 공평한 조정이 목적이기 때문에, 만약 B도 일정한 과실이 있었다면, 그만큼 A의 배상책임이 경감된다.

예컨대 B가 음주운전상태에서 차를 몰고 있었다면, 일단 상해를 입힌 A의 배상책임이 인정되지만, 음주운전을 하고 있던 B의 과실로 인한 손해부분은 제외하고 나머지 부분만 손해부분으로 책정되는 것이다. 이것을 과실을 서로 계산한다고 하여, 과실상계(過失相計)라고 부른다. 손해와 이익을 저울질하는 민사책임의 원리상 당연한 귀결이다.

반면 형사책임에서는 B의 과실이 있다고 해서 A의 책임이 경감되는 것은 아니다. 법규범의 준수를 유도하는 것이 형사책임의 독적이라는 점을 고려한다면, 형을 경감시켜줄 이유가 전혀 없다. 즉, A는 B의 과실여부와 상관없이 과실치상죄로 처벌받는다. 물론 B의 과실이 양형

과정에서 고려될 수는 있다. 양형(量刑)이란 형벌의 양을 정하는 것을 말하는데, 만약 법률에 "5년형 이하에 처한다"고 되어 있다면, 이 조항을 근거로 '구체적으로 몇 년형을 부과할 것인가를 정하는 것'이 양형과정이다.

구체적인 판단기준에 있어서도 민사책임과 형사책임은 차이가 있다. 일반적으로 말하자면, 민사상 불법행위책임을 귀속시키는 판단기준이 형사책임의 그것보다 더 엄격하다. 민사상 불법행위책임에서는 과실의 판단기준이 객관적인 반면, 형사책임에서는 주관적이다. 과실판단기준이 객관적이라는 말은 일반적으로 요구되는 주의의무를 위반했는지의 여부가 과실여부의 기준이 된다는 말이고, 주관적이라는 말은 행위자 개인의 구체적 능력을 고려하여 그의 능력으로 주의의무를 준수할 수 있었는지가 추가적인 요건이 된다는 말이다.

예를 들어, 야근으로 피로하여 집중력이 떨어진 A가 벽돌을 쌓다가 실수로 벽돌을 떨어뜨려 B를 다치게 했다면, A는 일반적으로 요구되는 주의의무를 위반한 것으로 민사상 손해배상책임을 지게 된다. 하지만 형사책임에서는 가해자 A의 주관적인 주의의무의 위반, 즉 야근으로 피로해서 집중력이 떨어졌다는 A의 특별한 사정을 고려해 보면 벽돌을 떨어뜨리지 않을 수 없었다고 볼 수 있다. 그렇게 되면 A가 일반적으로 요구되는 주의의무를 위반했지만, 그의 특

별한 상황에서 비롯된 주관적 주의의무 위반은 인정될 수 없으므로, 〈형법〉상 과실치상의 책임을 지지 않는다.

인과관계의 경우에도 민사책임에서는 객관적으로 볼 때 행위자의 손해야기행위가 일반적으로 초래되는 손해발생과 인과관계가 있다고 판단되면 인과관계가 인정된다(상당인과관계). 하지만 형사책임에서는 발생한 결과가 행위자 개인의 책임으로 돌릴 수 있을 만큼(객관적 귀속)의 수준에 이르러야 그 인과관계가 인정된다.

이렇게 형사책임을 주관적인 관점에서 판단하는 이유는 행위자 개인에 대한 비난가능성을 책임귀속의 요건으로 삼기 위한 것이다. 즉 형사책임에서는 행위자가 객관적 주의의무뿐만 아니라 주관적인 주의의무까지 위반한 경우에만 그 행위자 개인에 대한 비난가능성을 인정하는 것이다. 이는 국가형벌권이 과도하게 개인을 처벌하는 것을 막기 위해서이기도 하다.

헌법의 과잉금지원칙(37조 2항)에 따르면, 형벌의 목적을 달성하기 위해 과도하게 가해자의 기본권을 제한해서는 안 된다. 즉, 형벌이 추구하는 목적과 형사처벌이라는 수단 사이에는 균형(비례)이 유지되어야 한다. 이것을 비례성원칙이라고 한다.

형벌의 목적은 규범을 잘 지키도록 하는 것이고, 범죄자를 재사회화시키는 것인데, 그러한 목적을 달성한다는 이유로 형벌권을 과도하게 부과해서 가해자의 기본권(신체의 자유, 거주이전의 자유 등)을 제한해서는 안 된다는 것이다. 이러한 균형을 위해 형사책임에서는 객관적인 관점에서의 주의의무를 위반했을 뿐만 아니라, 행위자 개인의 주관적 관점에서의 주의의무도 위반한 경우에만 형벌권을 부과한다.

한편, 민법상 불법행위나 형법상 범죄행위는 '작위'(무엇을 하는 것)뿐만 아니라 '부작위'(행위를 하지 않는 것)에 의해서도 이루어질 수 있다. 다시 말해, 무엇을 해야 할 의무(작위의무)가 있는 사람이 아무 것도 하지 않은(부작위) 경우에도 일정한 배상책임을 질 수 있다는 것이다. 그런데 부작위에 의한 책임은 민사책임과 형사책임에서 그 판단의 기준이 다르다. 예를 들어, 부모가 서울에 있는 한 고등학생 A가 부산에서 행인 B를 때려서 상해를 입힌 경우, 부모는 아무 것도 하지 않았지만(부작위), A의 감독자로서 아들 A가 그런 행위를 하지 않도록 방지할 법적 의무(작위의무)가 있기 때문에, 민사상 손해배상의 책임을 져야 한다. 하지만 형사책임에서는 작위의무의 존재와 더불어, 사실상 결과발생을 방지할 수 있는 구체적 가능성이 있어야 한다. 이것을 〈형법〉에서는 '보증인적 지위'라고 부른다. 즉, 위의 부모는 자식을 감독할 작위의무가 있긴 하지만, 아들 A의 행위를 방지할 현실적 가능성이 없었기 때문에 형사책임은 없다. 하지만 만약 부모가 가해현장에 있음에도 불구하고 그것을 방치했다면, A의 행위를 방지할 현실적 가능성이 있음에도 불구하고 자신의 작위의무를 소홀히 한 것이므로, 보증인적 지위가 인정되어 형사책임을 지게 될 수도 있다. 이 경우 부모는(부모도 가해의 고의가 있었다면) 아무 것도 하지 않았음(부작위)에도 불구하고 아들 A의 상해죄의 공범이 될 수 있는 것이다.

민사책임과 형사책임의 비교

	목적	책임	과실 판단 기준	인과관계	책임 제한
민사 책임	당사자 사이의 손해와 이익의 조정	본인에게 책임이 없더라도, 감독자가 책임을 질 수 있음.	객관적 주의의무	상당인과 관계	
형사 책임	응보 일반예방 특별예방	감독자는 보증인적 지위가 인정되는 경우에만 책임을 짐.	주관적 주의의무 (행위자에 대한 비난가능성 필요)	객관적 귀속	과잉금지원칙 비례성원칙

책임귀속원리도 변화한다

현대사회에서 불법행위책임과 형사책임은 그 책임귀속원리가 점차 변화하고 있다. 불법행위책임은 '위험책임'이나 '무과실책임'으로 변화하고 있고, 형사책임에서는 과실이 객관화되고 인과관계가 완화되고 있어, '민사책임화' 되고 있다.

① 민사책임의 발전 : 과실책임에서 위험책임으로

현대사회에서는 전통적인 책임귀속원리로는 손해와 이익을 공평하게 조정할 수 없는 영역이 등장하고 있다. 의료사고, 제조물사고, 환경오염사고 등이 그것이다. 이러한 영역의 특징은 행위자의 고·실에 대해 전문지식 없이 판단하기 어려울 뿐만 아니라, 어떤 전문지식을 동원하는가에 따라 그 판단이 달라진다는 것이다. 또한 손해야기행위와 손해 사이의 인과관계를 확정하는 것이 과학기술적으로 쉽지 않다는 특징도 가지고 있다.

이러한 특징 때문에 이러한 영역에서는 손해배상책임을 부과하기가 어렵다. 그러다 보니, 이 영역에서의 사회적 약자들, 즉 의료사고에서는 환자, 제조물사고에서는 소비자, 환경오염에서는 일반시민들의 손해가 제대로 배상되지 못하는 문제를 안고 있다.

그래서 최근에는 불법행위책임의 귀속요건을 사회적 약자에게 유리한 방향으로 완화시키는 변화가 이루어지고 있다. 이를 위해 먼저 과실귀속의 요건을 완화시킨다. 예컨대, 의료과실과 같은 전문적 과실을 일반적인 관점에서 파악할 수 있는 '상식적 과실'로 대체하거나, 제조업자에게 요구되는 주의의무의 기준을 높여 과실을 쉽게 인정하게 하는 것이다.

앞의 제조물책임법의 예에서 본 것처럼 커피 판매업자가 커피 컵을 다리 사이에 끼워놓고 운전하는 경우까지 고려하여 컵의 안전장치를 마련했어야 했다고 하거나, 담배제조업자가 담배가 암을 유발할 가능성까지 고려해 경고 문구를 삽입했어야 했다고 하는 것은 제조업자의 주의의무수준을 극단적으로 높여 놓은 것이라고 할 수 있다. 이렇게 주의의무수준이 올라가면, 과실을 인정하는 것이 상대적으로 쉬워진다.

또한 손해야기행위와 손해 사이의 인과관계를 완화시키는 방향으로 변화가 이루어지고 있다. 예전에는 그 인과관계가 확실성에 기초했다면, 지금은 개연성 수준의 인과관계로도 책임을 인정하는 것이다. 그리고 그러한 인과관계를 증명할 책

임을 가해자에게 부담시킨다. 이것을 '증명책임의 전환'이라고 부른다.

본래 인과관계 증명의 책임은 피해자에게 있었다. 피해자가 그것을 증명하지 못한다면, 인과관계가 없는 것으로 간주되었다. 그런데 이렇게 증명책임이 전환되면, 반대로 가해자가 인과관계가 없음을 적극적으로 증명하지 못하는 한, 인과관계는 있는 것으로 간주된다.

예를 들어 공장 폐수가 김양식 어장에 도달하여, 김의 광합성능이 저하돼 병해가 발생한 사건이 있다고 하자. 예전에는 피해자가 공장폐수와 병해 사이의 인과관계가 있음을 증명해야 책임을 부과할 수 있었지만, 증명책임이 전환되면, 가해자(폐수를 방출한 공장)가 적극적으로 폐수에 유해물질이 없다거나, 폐수가 김의 광합성저하와 무관한 수준의 오염물질을 담고 있다는 것을 적극적으로 증명하지 못하는 한 인과관계는 인정된다.

이러한 책임귀속원리의 변화는 과실책임이 위험책임으로 변하는 것을 말한다. 즉, 과실이 없는 경우에도 위험원을 지배하고 있다는 사실 자체로 책임이 귀속되는 것이다.

예컨대 공장을 운영하고 있다면, 공장운영이 비록 합법적이라고 하더라도 그 자체로 손해를 발생시킬 위험을 안고 있고, 손해의 발생은 예측불가능하고 우발적인 것이다. 이때 위험원을 지배하고 있는 것은 기업이라는 사회적 강자다. 반면 그러한 위험원에서 발생하는 손해의 피해자들은 사회적 약자이고, 손해가 발생해도 그 인과관계를 증명하거나 공장의 과실을 증명하기 어렵다. 따라서 손해가 발생하면 위험원을 지배하는 기업으로 하여금 손해를 배상하도록 하는 것이 형평에 맞다고 할 수 있다. 그래서 인과관계증명이나, 과실증명, 증명책임 등을, 사회적 강자에게 불리하고 사회적 약자에게 유리하게 변형시키는 것이다.

② 형사책임의 민사책임화

앞서 보았듯이 형법은 엄격한 책임귀속요건을 요구한다. 하지만 최근에는 그러한 요건이 점차 완화되면서 민사책임화되고 있는 경향이 나타나고 있다.

먼저 과실의 객관화를 들 수 있다. 형사책임은 기본적으로 주관적인 책임이었으나 현대사회의 여러 영역에서는 객관적인 책임이 점차 강조되고 있다. 예컨대, 도로교통에서 요구되는 운전능력, 의료행위에서 요구되는 의료능력, 외부감사를 하는 데 있어서 요구되는 회계감사능력은 각각 그 영역의 과학·기술적 관리를 위해 요구되는 객관적인 주의의무를 기준으로 판단된다. 이를 인수과실이라고 한다. 이런 영역에서는 형사책임귀속에 필요한 과실 역시 민사상의 과실과 마찬가지로 객관화되는 경향을 갖는다.

인과관계 역시 가해행위가 손해를 발생케 했다는 확실성이 없어도 개연성만 있으면 그 인과관계를 인정하는 방향으로 형사책임의 귀속요건의 변화가 이루어지고 있다. 예를 들어, 전신마취를 하기 전에 혈청

간기능 검사를 하지 않았고, 결국 마취 후 간기능이 악화되어 사망한 사례에서, 전신마취의 부작용이 간기능 악화 및 사망과의 인과관계는 확실성이 있다기보다는 단지 가능성과 개연성이 있을 뿐이다. 그럼에도 불구하고, 그 인과관계를 인정하여 형사책임을 인정한 판례가 있었다.

또한 소비자들의 질병을 유발하는 것으로 알려진 스프레이 제조업자의 형사책임에 대해서, 스프레이의 어떤 성분이 피해를 가져왔는지 밝혀지지 않았음에도 불구하고, 피해소비자들의 피해증상이 유사하고, 유사한 치료방법으로 회복되었다는 사실만으로 스프레이와 질병 사이의 인과관계를 인정한 독일 판례가 있다. 이것 역시 확실성이 아니라 개연성만으로 인과관계를 인정한 것이다. 하지단 이러한 형사책임의 민사책임화는 형사법의 기본원리를 고려할 때 여러 가지 문제가 제기될 수 있다. 이 점은 다음 장에서 보다 자세히 살펴보도록 하자.

형법, 범죄를 처벌하다

형법의 문제를 본격적으로 다루기 전에, 여기서 잠깐 우리 현실에서 범죄와 형벌이 어떤 의미를 갖는지 비판적으로 검토해 보자. 흔히 사람들은 범죄가 많아지고 강력해질수록 형벌을 더욱더 가혹하게 집행해야 한다는 생각을 하곤 한다. 여기에는 아무런 과학적인 근거가 없다. 하지만 많은 사람들이 별다른 의심 없이 그렇다고 믿는다.

그런데 현실을 과학적으로 분석해 보면, 정반대의 측면도 있음을 알 수 있다. 즉, 오히려 형벌이 가혹하기 때문에 가혹한 범죄가 더 늘어나고, 형벌 조항이 더 늘어나기 때문에 범죄가 많아진다는 것이다.

예컨대, 우리나라에서는 〈마약류 관리에 관한 법률〉이 대마흡연을 범죄로 규정하여 처벌하고 있다(3조, 11호). 그런데 역설적으로 그 때문에 대마흡연중독자들은 중독에서 벗어나기 위한 치료를 받기를 꺼리게 된다. 의사와 상담을 하게 되면 대마흡연사실이 드러나 처벌을 받을 수 있기 때문이다. 더욱이 의사는 대마중독자를 보건복지부 장관

미리 보는 법학,
법의 기초제도

에게 보고할 의무까지 있다(43조). 이런 상황에서 대마·흡연중독자들은 더욱 음성적으로 대마흡연을 계속하고, 중독으로 인한 심리적 불안을 이기기 위해 스스로 대마흡연친구를 만들어 간다. 물론 대마흡연을 법으로 금지하는 것이 대마흡연을 하고자 하는 심리를 막는 효과를 가진다. 하지만 대마를 처벌하는 법이 이미 중독이 된 사람들에게는 오히려 치료를 통해 중독에서 해방되는 길을 막는 족쇄로 작용하기도 한다는 것은 매우 중요한 사실이다.

사형제도의 경우도 마찬가지다. 흔히 사형제도가 흉악범죄를 줄일 것이라고 믿고 있다. 하지만 이것은 전혀 사실이 아니다. 20세기 들어 여러 나라들이 사형제도를 폐지했다. 국제사면위원회(Amnesty International)의 2007년 조사에 따르면, 완전 사형폐지국은 102개국, 사실상 사형폐지국은 31개국, 사형존치국은 64개국이다.

그렇다면 사형제도를 폐지한 나라에서는 폐지 후 흉악범죄가 늘어났을까? 사형제도와 흉악범죄의 상관관계를 조사한 연구에서도 이들 사이의 유의미한 연관관계가 드러난 적은 없었다. 오히려 어떤 나라는 사형폐지 후 살인사건이 감소하기까지 했다. 우리의 일반적인 상식과는 전혀 다른 양상이 나타나고 있는 것이다.

결국 형벌은 범죄 때문에 늘어나고 범죄로 인해 강화되기도 하지만, 범죄 역시 형벌 때문에 늘어나고 형벌 때문에 더욱 강화된다. 이처럼 범죄와 형벌이 서로를 강화하고, 서로를 증가시키는 현상은 일종의 악순환이다. 이 악순환은 현실에 대한 과학적인 분석이 아니라, 느낌과 상식에 의해 계속 강화되고 있다.

최근 문제가 되었던 인터넷 게시물에 의한 명예훼손 문제를 생각해 보자. 물론 익명의 네티즌의 악의적인 게시물이 사회문제인 것은 분명한 사실이다. 하지만 이 문제를 해결하기 위해 네티즌들을 형사처벌하는 것이 과연 정당한 것인지, 그리고 그렇게 했을 때 과연 효과가 있을지는 심각하게 검토해 봐야 할 문제다. 왜냐하면 어떤 사회문제에 대해서 우리가 내릴 수 있는 처방은 매우 다양하며, 형사처벌은 그 중 한 가지 방법일 뿐이기 때문이다. 그런 상황에서도 우리는 "사회문제 → 형사처벌"이라는 공식을 너무 쉽게 활용하곤 한다. 그것이 과연 효과적인 방법인지, 다른 부작용은 없는지에 대한 진지한 고민도 없이 말이다. 그리고 형사처벌이라는 처방이 제대로 효과를 발휘하지 못하면 형사처벌을 더욱 강화하는 방향으로 다시 처방하려 한다. 하지만 그것이 과연 효과적인지는 여전히 오리무중이다. 이런 식의 대처방법은 현대사회의 여러 사회문제를 대처하는 방식에서 반복적으로 재생산되고 있다.

이러한 문제가 한국 사회에서 더 심각한 이유는 형사처벌을 윤리적 관점에서 정당화하고, 사회문제의 해결에 최우선적으로 투입하는 전근대적 문화 때문이다. 우리는 흔히 형벌을 윤리적 관점에서 정당화하곤 한다. 음란한 소설이나 연극을 형법으로 규제하는 것, 간통이나 혼인빙자간음을 처벌하는 것은 그것이 사회윤리나 전통윤리를 위반했기 때문이다. 하지만 윤리가 점점 다원화되고 있는 현대사회에서

특정한 윤리적 관점을 기준으로 예술이나 문화활동을 규제하는 것은 문화예술의 발전에 큰 저해요인이 될 수 있다.

그리고 우리는 너무 손쉽게 형벌을 사회문제의 해결수단으로 최우선적으로 투입하곤 한다. 신용카드가 연체되면 형사처벌의 가능성이 위협수단으로 따라오고, 가사분쟁이나 개인 간 채무문제에도 경찰력의 힘을 빌리는 사례가 빈번히 나타난다.

성수대교나 삼풍백화점 붕괴, 그리고 대구지하철방화사건의 처리과정에서 공통점이 하나 있다면, 바로 책임자를 색출하여 처벌하려고 했다는 것이다. 이러한 모습은 언론에 의해 더욱 선정적으로 강화된다. 그런 가운데 건설현장의 구조적 부조리나 안전관리에 대한 구조적 부실을 해결하여 근본적 대책을 마련하는 것보다는 희생양을 만드는 데 모든 시선이 집중된다. 몇몇 책임자들의 도덕적 해이가 부각되고, 해당 사건과 직접 관련이 없는 비리까지 적발하여 형벌의 양을 늘린다. 그 와중에 시민들은 그들을 '나쁜 놈'이라고 비난하면서 속이 시원해지고, 문제가 해결되는 느낌을 갖기 마련이다. 그리고 국가권력은 그러한 과정에서 무언가 문제를 해결했다는 인상을 줄 수 있다.

하지만 이것은 문제의 본질을 교묘하게 피해가는 것이라고 할 수 있다. 현대사회가 안고 있는 문제의 대부분은 사회구조적인 요인에서 발생한 것이다. 흔히 위험

사회라고 말할 때의 위험은 특정한 개인의 작품이 아니라 사회가 구조적으로 야기하는 위험을 말한다. 그 위험에 대해 특정 개인 몇 명을 윤리적으로 비난하고 형사처벌을 가하는 것은 문제의 근본적인 해결과는 거리가 멀다. 우리는 이러한 즉흥적이고 근시안적인 문제처리 방식의 핵심에 형사처벌이라는 가장 가혹한 도구가 놓여 있음에 주목한다. 그리고 다시 악순환의 길을 발견하게 된다. 사람들은 형벌이 문제를 해결해주지도 못하는데도 불구하고, 응징과 보복의 감정으로 형벌의 지속적인 투입을 원한다. 하지만 구조적 문제를 해결하지 않는 한 현실은 달라지지 않는다. 그런 가운데 형벌의 강도와 양은 계속 증가하게 될 뿐이다.

법률용어사전
간통죄(姦通罪)란 배우자가 있는 사람이 배우자 이외의
다른 사람과 성관계를 갖는 범죄를 말한다(《형법》 241조).

혼인빙자간음죄의 폐지를 주장하는 이유

혼인빙자간음죄란 음행의 상습이 없는 부녀를 대상으로 혼인을 빙자하거나 기타 거짓으로 속여 간음하는 범죄를 말한다(〈형법〉 304조). 이 죄가 성립하기 위해서는 먼저 음행의 상습이 없는 부녀, 즉 불특정인과 성관계를 맺는 습벽이 없는 부녀가 대상이 되어야 한다. 그리고 이러한 부녀에 대해 남자가 혼인할 생각이 없었으면서도 성관계를 맺기위해 거짓으로 혼인을 하자고 말하거나 행동하여 부녀를 속인 후 성관계를 맺어야 한다. 대상이 '부녀'이므로 여자가 남자를 대상으로는 이 범죄를 저지를 수 없다.

이 법은 '음행의 상습이 없는 부녀'만을 보호대상으로 하여 마치 순결한 여성만 법이 보호해주는 듯한 의미를 내포하고 있다. 여성이 마치 결혼과 성관계를 교환하는 듯한 뉘앙스를 풍기고 있어 오히려 여성비하적이라는 비판을 받는다.

또한 여성만이 속임의 대상이 되게 하여, 여성은 언제나 남자한테 잘속아 넘어가는 부족한 존재이기 때문에 속이는 남자를 형사처벌해야한다는 것을 전제하고 있다. 그래서 겉보기에는 여성을 보호하는 것 같지만, 오히려 여성을 비하하는 법이라는 비판을 받고 있는 것이다. 때문에 최근에는 여성계에서도 이 법의 폐지를 주장하고 있는 실정이다.

더 근본적인 문제는 혼인을 빙자하여 간음을 하는 행위가 윤리적으로 옳지 못한 행위라고 할 수 있으나, 그것을 과연 형사처벌해야 하는지

에 대한 의문이다. 남녀가 만나 사랑을 나누는 과정에서 벌어지는 사적인 관계를 형사처벌하는 것이 과연 옳은가 하는 것이다. 게다가 그런 복잡한 두 사람의 상호작용을 형법이 억지로 규율하다 보니, 이 법의 실효성은 극히 떨어진다.

예컨대, 남자 쪽에서 처음에는 혼인할 의사가 분명히 있었으나 마음이 바뀌었을 뿐이라고 주장할 수도 있고, 상황이 변화하여 혼인이 어렵게 되었을 뿐이라고 항변할 수도 있다. 남자가 처음부터 속였는지, 처음에는 혼인의사가 있었다가 마음이 바뀌었는지를 판단하는 게 얼마나 어려운 일인가? 이 복잡한 사적 상호관계를 법의 이름으로 재단한다는 것 자체가 무리일지도 모른다. 더욱이 '의심스러울 때는 자유의 이익으로' 라는 대원칙이 지배하는 형법에서 이러한 문제를 규율하는 것은 실효성이 거의 없다. 하지만 형사처벌을 비판한다고 해서, 이 문제에 대한 다른 법적 해결을 완전히 배제하는 것은 아니다. 만약 혼인을 빙자하여 동거를 한 남자에 대해서는 사실혼관계를 부당하게 파기했다는 책임을 물어 손해배상청구를 할 수 있다.

> 법률용어사전
> 사실혼(事實婚)이란 사실상 부부의 관계에 있으나,
> 혼인 신고를 하지 아니하였기 때문에 법률상의 부부로
> 인정할 수 없는 상태를 가리킨다.

범죄가 되기 위한 요건들

범죄와 형벌, 그리고 형법에 대한 올바른 이해를 위해 먼저, 범죄가 무엇을 의미하는 것인지부터 살펴보자. 근대 형법에서 말하는 범죄는 다음의 요건을 충족시켜야 한다.

① 법익의 침해

먼저 범죄는 '법익'을 침해하거나 그럴 위험이 있는 행위를 한 것이다. 법익이란 형법이 보호해야 할 이익으로 개인의 주관적 권리를 말한다. 한 사회에서 한 개인은 다른 사람과 공평하게 자신의 자유와 권리를 누려야 하는데, 이것을 다른 개인이 침해하는 것은 위법한 것이기 때문에, 형법은 이를 범죄화하여 제재를 가하는 것이다. 그러한 개인의 권리는 대개 헌법의 기본권 규정에 규정되어 있다. 생명권, 거주이전의 자유, 인격권, 재산권, 행복추구권 등이 그것이다.

② 규범의 효력

법익을 침해하는 행위를 범죄로 만드는 것은 그 침해행위에 의해 효력이 부정된 규범의 효력을 회복시키기 위한 것이다. 예컨대, 상해를 입히는 행위는 생명권 보호라는 규범을 부정하는 행위인데, 이것을 범죄화하여 처벌하지 않으면, 그 규범의 효력이 상실될 수 있을 것이다. 즉, 상해행위를 범죄화하는 것은 생명에 관한 규범의 효력을 회복시키는 것이다. 이것은 민법에서 말하는 불법행위를 규제하는 목적과는 다른 것이다.

③ 일탈행위의 중대성

사회적 일탈행위라고 해서 모두 범죄가 되는 것은 아니다. 근무시간에 사우나를 간 회사원이나 학교에 무단으로 결석을 한 학생의 행위도 사회적 일탈행위로서 나름의 제재(예컨대 징계)가 가해진다. 하지만 이것을 범죄라고 보고 처벌하진 않는다. 그것은 이러한 행동이 앞에서 말한 개인의 주관적 권리와 자유를 침해했다고 보기는 어렵기 때문이다. 다시 말해 형법은 여러 사회적 일탈행위 중 개인의 권리와 자유를 침해한 중대한 일탈행위만을 범죄화하여 처벌한다.

④ 죄형법정주의

위의 요건을 모두 충족시켰다고 해도, 곧바로 범죄가 되는 것은 아니다. 범죄가 되기 위해서는 법치국가의 중요한 요청인 '죄형법정주의'라는 형식적 요건을 충족시켜야 한다.

죄형법정주의란 말 그대로 '죄'와 '형벌'이 실정법에 의해 미리 명확하게 확정되어 있어야 한다는 것을 말한다. 즉, 법률 없이는 범죄도 없고 형벌도 없다는 명제를 말하는 것이다. 죄형법정주의는 시민의 권리의 보호를 위해서 형성된 원칙이다. 우리가 일탈행위를 범죄화하여 처벌하는 것은 시민의 권리를 지키

기 위한 것이지만, 형벌을 가하는 것은 그 범죄자의 기본권을 박탈하여 다른 시민의 권리를 지키는 것이다.

그런데 개인의 권리가 무엇인지에 대한 해석은 각자 다를 수가 있다. 특히 국가권력을 장악하고 있는 정치세력은 자신의 권력 유지에 유리한 방향으로 권리를 해석하려는 경향이 있다. 이런 상황에서 무엇이 범죄이고, 어떤 형벌을 가하게 되는지가 미리 명확하게 법률로 확정되어 있지 않다면, 사회는 큰 혼란에 빠지고, 궁극적으로 시민의 자유와 권리가 제대로 보장될 수 없는 상황이 전개될 것이다. 그래서 죄형법정주의라는 중요한 원칙이 형성된 것이다.

범죄화 역시 시민의 권리를 보호하기 위한 것이지만, 국가가 범죄자를 처벌할 때는 이렇게 미리 정해진 법률에 의해서만 가능하도록 하여, 형벌권의 행사를 적절히 통제하고 또 다른 인권침해를 막는 것이다.

죄형법정주의의 구체적인 내용으로는 1) 관습형법금지의 원칙, 2) 소급효금지의 원칙, 3) 명확성의 원칙, 4) 유추해석금지의 원칙, 5) 비례성의 원칙 등이 있다.

관습형법금지의 원칙은 죄와 형벌은 반드시 국민의 대표기관인 의회가 제정한 법률이 정해 놓은 것에 근거해야 하며, 관습법의 내용을 근거로 할 수 없다는 것이다. 이 점은 "누구든지 법률에 의하지 아니하고는 체포·구속·압수·수색 또는 심문을 받지 아니하며, 법률과 적법한 절차에 의하지 아니하고는 처벌·보안처분 또는 강제노역을 받지 아니한다"라는 〈헌법〉 12조 1항에 규정되어 있다.

소급효금지의 원칙이란 형사처벌을 할 때, 행위 시점 이전에 제정된 법률만이 근거가 될 수 있지, 행위보다 나중에 만들어진 법이 소급해서 법률제정 이전의 행위에 적용되어서는 안 된다는 것이다. 즉, 새로운 일탈행위가 만연하여, 그것을 처벌하기 위해 새로 법이 제정된다고 해도, 그 이전의 일탈행위에 대해서는 전혀 처벌이 불가능하다는 것이다.

이 점은 헌법에 "모든 국민은 행위 시의 법률에 의하여 범죄를 구성하지 아니하는 행위로 소추되지 아니하며"라고 명확하게 규정되어 있다 (13조 1항). 하지만 소급적용으로 인해 범죄자에게 유리해진 경우 즉, 행위 이후에 법률이 폐지되어 처벌규정이 없어진 경우에는 소급적용될 수 있다. 죄형법정주의가 기본적으로 형벌권의 남용을 막기 위한 원칙이라는 점을 고려해 보면 당연한 결과다.

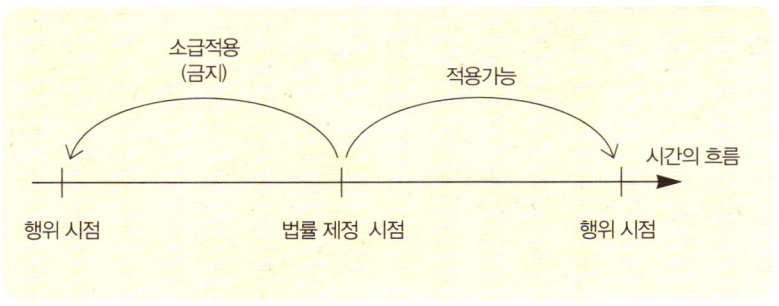

소급효금지의 원칙

명확성의 원칙이란 법률에 정해진 내용이 명확해야 한다는 것이다. 미리 법률에 범죄와 형벌을 정해놓는다고 해도, 그 내용이 불명확하

고 모호하면 권력자가 자의적으로 이를 해석할 수 있기 때문이다. 예컨대, 독일의 나치 형법은 "건전한 민족감정에 의해 처벌할 가치가 있는 행위"를 처벌하도록 되어 있었는데, "건전한 민족감정"과 같이 자의적 해석이 가능한 불명확한 내용은 법률에 있으면 안 된다는 것이다.

유추해석금지의 원칙이란 형법의 조문을 유추해석하여 자의적으로 그 적용범위를 확대해서는 안 된다는 것이다. 예컨대, 구(舊) 〈공직선거 및 선거부정방지법〉 262조는 금품이나 이익 등의 수수에 의한 선거부정 관련 범죄에 대하여 자수한 경우에 반드시 형을 면제하도록 규정하고 있었다. 자수는 범행을 저지른 자가 스스르 수사기관에 출두하여 자신의 죄를 자백하는 것을 말한다. 수사가 개시된 이후이건, 범행이 발각되거나, 지명수배된 이후에 자수한 경우도 여기에 해당한다고 보는 것이 일반적이다.

그런데 만약 여기서 자수를 보다 순수한 자수, 즉 범행이 발각되기 전에 한 자수에 한정되는 것으로 해석한다면, 이것은 유추해석금지원칙에 위반된다는 것이 법원의 판단이었다. 법이 이러한 자수에 대해 형면제를 규정하고 있는데, 이 조항을 유추해석하여 자수의 의미를 축소하는 것은 형이 면제되는 범위를 자의적으로 축소하여 국가형벌권을 사실상 확대하는 것이기 때문이다.

마지막으로 비례성의 원칙이란, 〈형법〉이 그 형사정책적 목표를 달성하기에 적합한 행위만을 처벌해야 하며(적합성), 다른 수단에 비해 최후의 수단으로 사용되어야 하고(보충성, 최후수단성), 형벌의 정도가 필요 이상으로 과도하여 형벌로 인한 범죄자의 권리 침해의 수준이 형벌이 달성하고자 하는 목적이익을 넘어서서는 안된다(균형성)는 내용으로 구성되어 있다.

그런데 이러한 죄형법정주의의 원칙을 적용하는 과정에서 애매모호한 경우가 얼마든지 생길 수 있다. 예컨대, 어느 정도로 해석하는 것이 유추해석인지를 결정하는 것에 대해서는 언제나 논란의 여지가 있다. 그래서 죄형법정주의는 '의심스러울 때는 피고인의 이익으로, 시민(범죄인) 자유에 유리하게' 라는 원칙에 의해, 범죄화하지 않는 방향으로 해석해야 한다는 것을 천명하고 있다.

다시 말해 어떤 행위를 범죄화하여 형벌을 가하기 위해서는 죄형법정주의원칙의 준수가 의심되지 않는 확실한 수준에 이르러야 하는 것이다.

시민들이 국가권력으로 하여금 시민들의 일탈행위를 처벌할 수 있도록 권한을 부여한 것은 시민의 자유와 권리를 보장하기 위해서다. 하지만 국가가 형벌권을 자의적으로 남용하여, 시민의 자유를 침해하는 것은 시민의 자유에 또 다른 위협요인이 될 수 있다. 따라서 위와 같은 복잡한 요건을 갖춘 일탈행위만을 범죄로서 처벌할 수 있게 하여 국가권력을 적절하게 통제하고자 했던 것이다. 이러한 〈형법〉의 자기통

제장치는 범죄와 형벌의 악순환을 막을 수 있는 중요한 제도적 장치라고 할 수 있다.

형사처벌에만 적용되는 관습법 금지

관습법 금지의 원칙은 기본적으로 불가피하게 국민의 기본권을 박탈해야 하는 형사처벌에서만 적용되는 것이다. 민사법 규정에서는 적용되지 않는다. 먼저, 〈민법〉 1조는 민사에 관하여 법률에 규정이 없으면 관습법에 따른다고 하여, 관습법은 성문법(成文法: 문자로 적어 표현하고, 문서의 형식을 갖춘 법)에 대한 보충규범임을 분명히 하고 있다.

한편 관습헌법이 헌법재판에 근거규범이 될 수 있는지는 논란이 있다. 이와 관련하여 지난 2004년 헌법재판소는 수도 이전에 관한 위헌결정에서 '관습헌법'을 근거로 들고 나와 논란을 빚기도 했다.

즉, 헌법재판소는 수도를 정하는 문제가 성문헌법상 명문조항은 아니지만, 국민·역사·경험·권력구조·정신 등 국가의 정체성을 실체적으로 규정한 관습헌법이기 때문에 이를 폐기하기 위해서는 일반적인 헌법 개정절차를 거쳐야 한다고 판단하고 수도 이전이 위헌이라는 판결을 내린 것이다.

긴급조치 1호와 죄형법정주의

긴급조치 1호를 보면, 헌법을 부정·반대·왜곡·비방하는 행위, 헌법의 개정·폐지를 주장·발의·제안 또는 청원하는 행위, 유언비어를 날조·유포하는 일체의 행위를 금하고, 이를 위반하는 자와 이 조치를 비방하는 자는 법관의 영장 없이 체포·구속·압수·수색하고, 15년 이하의 징역에 처하게 조치하였으며, 이를 위반한 자는 비상군법회의에서 심판·처단할 수 있게 되어 있다.

이것은 일단 긴급조치 자체가 법률의 형식이 아닌 대통령의 명령에 의해서 발효된다는 점에서, 법률에 의해서만 형벌을 가할 수 있다는 죄형법정주의원칙에 반한다고 볼 수 있다. 그리고 헌법의 부정·반대·왜곡·비방, 유언비어 날조·유포 등 매우 애매모호한 규정을 담고 있고(명확성원칙 위반), 헌법을 비방하는 행위나 유언비어를 유포하는 행위를 처벌하기 위해 징역 15년 이하에 처한다는 것은 형사정책적 목표(헌법의 보호)를 위해 시민의 자유와 권리를 과도하게 처벌하는 것이라고 할 수 있으며(균형성 위반), 다른 여러 가지 정책 수단(예: 헌법의 정당성을 옹호하는 교육, 홍보활동) 등이 충분히 수행되지 않은 상황에서 형법을 우선적으로 투입한다는 문제(최후수단성 위반) 등으로 인해 죄형법정주의 원칙에 어긋난다고 할 수 있다.

형벌목적의 변화와 형벌의 확대

범죄와 형벌의 악순환은 형벌의 목적의 변화와도 관련이 있다. 형벌의 목적에는 크게 세 가지가 있다.

응보주의 '눈에는 눈, 이에는 이'라는 말처럼, 죄를 지었으면 죗값을 치러야 한다는 것이다. 범죄자에게 죗값을 치르게 하는 것만이 형벌의 목적이며, 다른 목적은 인정될 수 없다고 본다.

일반예방 '일벌백계(一罰百戒)'라는 말처럼 범죄자를 처벌하여 잠재적 범죄자인 일반인들이 겁을 먹게 하고, 그럼으로써 다른 일반인들의 범죄를 예방하는 것이 형벌의 목적이라는 것이다.

특별예방 '교도소(矯導所)'라는 말이 함축하고 있는 것처럼 범죄자를 처벌하여 그를 교화하고 재범을 막는 것이 형벌의 목적이라는 것이다.

근대 계몽주의 이후에는 응보주의가 쇠퇴했다. 죗값을 치른다는 식의 이론은 비인도적이며, 국민을 목적으로 국가를 수단으로 간주하는 현대국가론과 맞지 않기 때문이다. 그래서 근대 이후에는 응보주의 대신 일반예방과 특별예방이 형벌의 목적으로 대두되었다. 하지만 응보주의가 완전히 사라진 것은 아니며, 실제로는 이 세 가지 형벌이론을 적절히 절충하는 견해나 응보주의를 배제하고 일반예방과 특별예방의 장점만

을 취하려고 하는 절충론이 다수의 입장이라고 할 수 있다. 그러나 어떠한 경우에도 응보주의만을 형벌의 목적으로 설정하는 견해는 설득력을 잃어 버렸다.

우리는 응보보다는 '책임'을 형벌의 새로운 원리로 자리매김할 필요가 있다. 근대형법에서 타인의 권리를 침해한 자가 그 침해를 하지 않을 '의사결정능력'이 있음에도 불구하고 그 능력을 활용하지 않았다는 '책임'을 근거로 형벌을 부과하는 것이다. 즉, 범죄란 인간에게 부여된 윤리적 자기결정능력을 위반한 것이라는 것이다.

예를 들어, 살인범은 살인할 수도 있고 안할 수도 있는 자유로운 능력을 가지고 있음에도 불구하고, '살인하지 말라'는 규범을 위반했다는 점에서 '죄책'이 있는 것이다. 형벌은 이에 대해 책은을 물리는 것이고 이를 '책임원칙'이라고 부른다. 이것은 응보주의의 '보복'과는 구분된다. 책임원칙은 형벌이 자기가 구체적으로 한 행위(살인)에 상응하는 양을 받는 것이 아니라 윤리적 자기결정을 남용한 만큼 부과되어야 한다는 이론이기 때문이다.

따라서 응보형에 따르면 살인범에게 사형을 선고하는 것이 당연하지만, 책임원칙에 의거할 때는 반드시 그 처벌이 사형이 아닐 수 있다. 물론 살인은 자유를 가장 심각하게 남용한 경우이므로 최고형이 내려져야 할 것이다. 또한 범죄자는 형벌을 부과받음으로써 자신의 능력 남용에 대한 책임을 지고 다시 존엄한 인간으로 인정받을 수 있다. 결국 형벌은 책임에 의해 제한되지만, 책임에는 형벌이 뒤따르게 되는 것이다.

하지만, 현대사회에서는 고전적인 의미의 '죄책'이 없는 행위까지 형사처벌을 하고 있다. 예를 들어, 살인을 처벌하는 것은 '살인하지 말라'라는 규범을 위반한 것에 대한 책임을 묻는 것이라고 할 수 있다. 하지만 정부가 정한 폐수방출기준을 위반한 것을 그런 의미에서의 죄책이라고 보기는 어렵다. 폐수방출기준의 위반이 '윤리적 자기결정'을 남용한 것이라고 보기는 어렵기 때문이다. 물론 폐수가 어떤 사람에게 해를 끼쳤다면 그것은 '다른 사람을 해하지 말라'는 규범을 위반한 것이므로 윤리적 자기결정을 위반한 것이라고 할 수 있다. 하지만 현대형법은 그렇게 구체적인 위해가 가해진 것만 처벌하는 것이 아니라, '폐수방출기준'의 위반만으로도 처벌하도록 되어 있다.

게다가 일반예방과 특별예방이 생겨 형벌의 범위와 정도를 확장시키는 데 기여하그 있다. 이 두 형벌이론의 특징은 형벌을 죗값을 물리는 데 사용하는 것이 아니라, 어떤 미래의 목적(범죄예방 또는 범죄자교화)을 위하여 활용하는 것이다. 미래지향적으로 보이는 그럴듯한 이론이지만, 이 이론에 따르면 형벌의 종류와 양이 무한정으로 확정될 수 있다는 문제가 있다.

예를 들어, 인터넷 게시물에 의한 명예훼손이 문제가 되고 있다고 한다면, 일반예방론에 따라 잠재적 범죄자를 겁주기 위해 일탈행위자를 처벌하자고 할 수 있다. 더욱 강하게 처벌해야 겁주기가 더욱 효과적일 거라는 주장이 제기될 수 있다. 그런 상황에서 형벌의 목록과 그 양

은 증대한다.

특별예방론은 범죄자를 교화한다는 미래지향적인 목표(즉, 범죄자의 재사회화)를 추구하지만, 죄책과 상관없이 범죄예방이나 범죄자교화라는 목적을 설정하고, 처벌을 도구화하기 때문에 형벌의 종류와 양을 무한정으로 확장시킬 수 있는 위험이 있다. 게다가 다원화된 사회에서 어떤 인간형으로 범죄자를 변화시킨다는 것 자체가 인격적 자율성을 침해하는 것일 수도 있다.

양심적 병역거부에 대한 처벌은
정당화 될 수 있을까?

최근 양심적 병역거부자에 대한 형사처벌이 문제가 되고 있다. 병역거부자들은 특정 종교의 교리나 정치적 신념(평화주의)에 따라 병역의 의무를 공개적으로 거부하고 있고, 이들은 예외 없이 징역형을 살게 된다. 그 숫자는 해마다 다르지만, 2000년에는 수형자의 숫자만 600명이 넘었다. 남북이 분단되어 있는 현실에서 병역거부를 인정하는 것은 시기상조라는 주장도 만만치 않은 것이 사실이다. 헌법재판소도 법이 대체복무를 인정하고 있지 않더라도 그것이 헌법에 위반되는 것은 아니라고 판결하였으며, 대법원도 양심적 병역거부자에게 유죄판결을 내린 바 있다. 반면 국가인권위원회에서는 양심적 병역거부자를 형사처벌하는 것은 인권침해의 소지가 있다는 입장을 내놓기도 했다.

그렇다면 이 문제를 형벌의 목적에 비추어 보면 어떨까? 먼저 예비 양심적 병역거부자에 대한 겁주기는 전혀 효과를 발휘하고 있지 못하고 있는 것으로 보인다 (일반예방의 실패). 일반예방이 실현된다면, 양심적 병역거부 예비자가 선행 거부자의 처벌을 보고 겁을 먹어 병역거부를 포기하고 입영해야 할 것이다. 하지만 실제 양심적 병

역거부자들은 강한 종교적·정치적 신념에 근거하여 행동하고 있기 때문에 형사처벌의 여부는 그들의 선택에 영향을 주지 못한다. 즉, 형벌을 통한 겁주기는 예비 양심적 병역거부자들에게는 전혀 통하지 않는 것이다. 형벌을 더욱 강화한다고 해도 마찬가지일 것이다. 실제로 병역거부자는 선행 거부자의 지속적 처벌에도 불구하고 계속 증가하는 추세다. 또한 이들은 재사회화되지 않는다(특별예방의 실패). 그들은 처벌을 받는 와중에도, 자신의 신념을 포기하지 않는다. 출소 후에도 그 신념이는 전혀 변함이 없다. 즉 그들은 전혀 교화되지 않고 있는 것이다.

결국 이들의 처벌을 정당화하는 것은 응보주의뿐이다. 하지만 현대 형벌을 응보만으로 정당화할 수는 없는 노릇이다. 결국 이 문지의 해결은 형벌의 부과가 아닌 다른 해결책, 예컨대 군복무가 아닌, 그렇지만 그에 상응하는 다른 종류의 대체적 병역을 부과하는 것밖엔 없다. 실제로 병역거부자들은 자신들은 병역을 거부하는 것이 아니라 집총을 거부하는 것이고 다른 종류의 대체복무를 하고 싶다고 말하고 있다.

범죄와 형벌의 악순환, 대안을 찾자!

범죄와 형벌의 악순환에 대한 대안은 없을까? 그 대안에 대해서는 형법의 기본이론에 대한 보다 상세한 고찰이 필요할 것이므로 미래의 과제로 남겨두고 여기서는 앞에서 이미 이야기된 몇 가지 단서를 가지고 그 전망을 제시해보도록 하겠다.

그 전망은 한마디로 범죄와 형벌이 확장되는 것을 막기 위해서는 범죄와 형벌을 확장시키려는 국가권력의 욕망을 적절히 통제해야 한다는 것이다. 먼저, 권리(법익)의 침해만을 범죄화하고, 윤리의 위반을 범죄화하는 것은 최소화해야 한다. 이것은 법익보호원칙으로 공식화할 수 있다. 두 번째로 책임과 무관한 단순한 의무의 위반을 범죄화하는 것 역시 최소화해야 한다. 윤리적 자기결정의 위반에 대한 책임에 대해서만 형벌을 부과해야 한다. 이것을 책임원칙으로 공식화할 수 있다. 세 번째로 죄형법정주의의 제반원칙이 철저하게 준수될 수 있도록 해야 한다.

범죄와 형벌의 악순환을 막자는 것이 사회문제를 경시하거나 무책임하게 대응하고자 하는 것이 결코 아니다. 다만 어떤 일탈행위를 너무 손쉽게 범죄화하여 그것을 사회악으로 낙인찍는 것에 신중함을 기하자는 것이다. 과거에 일탈이라고 여겨졌던 많은 행위가 현대사회에서는 정상적인 행위로 간주되는 경우를 이미 많이 목격

해왔다. 그리고 다원화된 현대사회에서 어떤 특정 행위를 일탈로 간주하는 것은 더욱 신중할 필요가 있다. 그것을 단지 윤리적으로 나쁜 것이라고 재단하고 비난하는 것에도 신중해야 하는데, 하물며 그것을 범죄화할 때는 더욱 신중을 기해야 한다.

또한 그것은 형법 이외의 다른 사회통제수단을 먼저 사용할 것을 주장하는 것이기도 하다. 형법은 사회통제를 위해 또 다른 권리 즉, 범죄자의 기본권을 침해해야 한다. 좀 과격하게 말하자면, 형법은 여러 사회통제수단 중 가장 '폭력적인' 방법을 취한다. 그렇기 때문에, 우리는 형법 대신 다른 사회통제수단을 우선적으로 검토할 필요가 있다. 때로는 그것이 덜 폭력적일 뿐만 아니라 더욱 효과적인 수단이 되기도 한다. 그것은 민사법이나 행정법에 근거한 법적 해결일 수도 있고, 시민사회의 자정능력에 의한 자율적 해결일 수도 있다. 어느 경우에나 형법에 의한 해결은 가장 최후의 보루로 선택되어야 할 것이다.

형사처벌의 요건에는 어떤 것이 있을까?

앞에서 범죄가 되기 위한 요건을 살펴보았지만, 그것은 범죄화에 대한 이론이었다. 실제 실무에서는 다음과 같은 요건을 검토하여 형사처벌 여부를 결정하게 된다. 그 네 가지 요건을 간단히 정리해 보면 다음과 같다.

행위 사람의 행위여야 한다.

구성요건해당성 〈형법〉상 범죄구성요건에 해당하여야 한다.

위법성 구성요건해당행위는 원칙적으로 위법하지만, 〈형법〉이 정하는 허용규범(정당방위, 긴급피난 등)에 의해 예외적으로 정당화될 수 있다.

책임 위법한 행위가 개인에게 주관적으로 귀속될 수 있어야 한다.

① 행위

일단 어떤 행위가 있어야 한다. 그것은 사람의 행위여야 하며, 우연이나 자연현상은 행위가 아니다. 일반적으로 '사회적 행위론'이라고 하여, 인간의 의사로 지배할 수 있는 사회적으로 중요한 행위를 형법의 대상이 되는 행위로 인정하고 있다.

② 구성요건해당성

하나의 행위가 형법이 규정한 범죄구성요건에 맞아떨어져야 한다. 즉 이에 해당해야 한다. 형법의 구성요건은 행위주체, 객체, 행위, 결과, 인과관계 등에 관련한 '객관적 구성요건'과 고의, 과실, 목적, 성향, 표현 등 형위자의 내부적 심리행태를 기술하는 '주관적 구성요건'으로 나뉜다.

예를 들어, 〈형법〉 250조의 "사람을 살해한 자는 사형, 무기 또는 5년 이상의 징역에 처한다"에서 사람, 살해 등은 각각 행위객체와 행위를 표시한 객관적 구성요건이며, "국토를 참

절하거나 국헌을 문란할 목적으로 폭동한 자는 다음의 구별에 의하여 처단한다"(87조)에서 '폭동'은 행위이고 '목적으로'는 행위자의 내부적 심리상태를 기술한 주관적 구성요소다.

한편 "죄의 성립요소인 사실을 인식하지 못한 행위는 벌하지 아니한다"고 한 〈형법〉 13조의 규정은 행위자의 '고의'가 범죄의 기본적인 구성요건임을 기술하고 있는 것이다. 형법은 고의범만을 처벌하는 것을 원칙으로 한다.

과실은 법률에 특별한 규정이 있는 경우에만 처벌하는데, 과실이란 '정상의 주의를 태만함으로 인하여 죄의 성립요소인 사실을 인식하지 못한 행위'를 말한다(〈형법〉 14조). 법률에 특별한 규정이란 〈형법〉에서 특별히 이 규정은 과실로 처벌한다고 정했다는 의미다. 예를 들면, 〈형법〉 185~187조는 교통방해죄를 규정하고 있는데, 이에 대해 189조 1항은 "과실로 인하여 185조 내지 187조의 죄를 범한 자는 1천만 원 이하의 벌금에 처한다"고 하여, 이들 범죄의 경우에는 특별히 과실범을 처벌한다는 점을 말하고 있다. 그 외에도 우리 형법은 방화, 폭발성 물건의 파열, 일수(물을 넘김), 과실치사상, 장물죄 등에 과실범처벌 규정을 두고 있다.

③ 위법성

형법 구성요건에 해당하는 행위는 일단 위법한 것으로 간주된다. 하지만 형법이 정하는 허용규범에 의해 예외적으로 그 위법성이 조각될 수 있다. 일정한 요건을 충족시키는 경우 그 행위의 위법성이 배제된다는 것을 말한다.

우리 형법에서는 위법성 조각 사유로 정당행위, 정당방위, 긴급피난, 자구행위, 피해자의 승낙 등 다섯 가지를 언급하고 있다.

첫째, 정당행위란 법령에 의한 행위, 업무로 인한 행위, 기타 사회상규에 위배되지 아니하는 행위를 말한다(〈형법〉 20조). 예를 들어, 공무원이 범죄자의 사형을 집행하는 것은 살인죄 구성요건에 해당하지만, 법률에 규정된 공무원의 직무를 집행하는 것이므로 위법성이 배제된다.

업무로 인한 행위로는 의사의 치료행위를 들 수 있다. 의사의 수술은 상해죄의 구성요건을 충족시키지만 업무에 인한 행위로 위법성이 배제된다. 기타 사회상규에 위배되지 않는 행위란 사회의 건전한 윤리감정, 사회통념에 비추어 용인될 수 있는 행위를 말한다. 하지만 어떤 행위가 사회상규에 위배되지 않는 행위인지 결정하는 것은 쉽지 않다. 예를 들어, 최근 특정신문에 광고를 낸 기업에 항의하기 위해 광고주의 명단과 전화번호를 공개해 광고중단을 촉구하는 전화를 걸도록 부추기는 행위가 문제가 된 적이 있다. 이것은 일단 기업의 정상적인 영업을 방해하는 행위이므로 업무방해죄의 구성요건에 해당한다. 하지만 만약 이러한 행위가 정당한 소비자 불매운동으로서 사회통념상 용인된다면, 위법성이 배제된다고 할 수 있다. 반면 이들의 행위가 특정한 정치적 목적에 의한 것이고 도를 넘는 불매운동이라고 본다면, 사

회상규에 위배되는 행위로, 업무방해죄로 처벌되어야 할 것이다.

둘째, 정당방위란 자기 또는 타인의 법익에 대한 현저의 부당한 침해를 방위하기 위한 행위를 말한다(〈형법〉 21조). 예컨대, 방망이로 상해를 입히려고 하는 상대방에게 돌을 던져 방어하는 것은 정당방위로 인정된다. 자신의 신체권의 부당한 침해를 막기 위한 행위이기 때문이다. 하지만, 정당방위도 도가 너무 지나치면 안 된다.

예를 들어 A와 B가 여성 C를 추행할 목적으로 강제로 끌고 가 폭행하고 키스를 시도했는데, 엉겁결에 C가 A의 혀를 물어 절단한 사건을 생각해 보자. 〈형법〉은 이에 대해 정당방위에는 "상당한 이유"가 있어야 한다고 규정하고 있다. 상당한 이유로는 대개 택한 수단이 적합한 수단이고, 최소의 침해를 가져와야 하며(필요성), 정당행위가 침해하는 법익과 정당행위로 보호하려는 법익 사이에 균형이 있어야 한다는 것이다. 즉, 혀를 깨무는 것이 C가 택할 수 있었던 적합하고 필요한 수단이며, C의 성적 자기결정권의 보호가 A의 신체(혀)의 손상에 비해 더 중요한 것이어야 한다는 것이다. 만약 이러한 요건을 충족시켰다고 본다면, C의 행위는 정당방위에 해당하는 것이고, 그렇지 않다면 C의 행위는 '과잉방위'로 정당화될 수 없다. 이에 대해 1심 판결은 C에게 유죄를 선고했지만, 2심과 3심에서는 각각 무죄를 선고한 바 있다.

셋째, 긴급피난은 자기 또는 타인의 법익에 대한 현재의 위난을 피하기 위한 행위를 말한다(〈형법〉 22조). 정당방위는 침해하는 행위에 대항하여 침해자의 법익을 침해하는 것이 정당화되는 경우지만, 긴급피난은 침해하는 행위를 피하기 위해 다른 법익을 침해하는 것이 정당화되는 경우다.

예를 들어 강드에 대항하는 과정에서 강도에게 상해를 입힌 것은 정당방위에 해당하고, 강도를 피하기 위해 제3자의 집에 무단침입하는 것은 긴급피난에 해당한다. 이 경우 주거침입죄의 구성요건에 해당하지만, 긴급피난으로 위법성이 배제될 수 있다. 긴급피난도 정당방위와 마찬가지로 상당한 이유가 있는 행위여야 한다.

넷째, 자구행위는 법정절차에 의해 청구권을 보전하기 불능한 경우에 그 청구권의 실행불능 또는 현저한 실행의 곤란을 피하기 위한 행위이며, 상당한 이유가 있는 행위를 말한다(〈형법〉 23조). 예를 들면, 자신의 지갑을 훔쳐 달아나는 절도범을 뒤쫓아 붙잡는 것은 체포죄의 구성요건에 해당하지만, 자구행위로서 위법성이 배제될 수 있다.

다섯째, 피해자의 승낙이란 처분할 수 있는 자의 승낙에 의해 그 법익을 훼손한 행위를 말한다(〈형법〉 24조). 즉, 피해자가 가해자에게 자기 법익을 침해하도록 허락한 경우에는 위법성이 배제된다. 예컨대 A가 B에게 "나는 좀 맞아야 한다"며 흠씬 두들겨 패달라고 부탁해 B가 그것을 실

행에 옮겼다면, B의 행위는 A가 자기 법익을 침해하도록 허락한 것이 기 때문에 위법성이 조각될 수 있다. 다만, 법률에 특별한 규정이 있는 경우에는 적용되지 않는다. 예를 들어, 사람을 살해하는 행위는 설사 상대방이 동의를 한다고 해도, '승낙살인죄'로 처벌받는다(252조).

④ 책임

형사처벌이 되기 위한 마지막 조건으로, 위법한 행위가 개인에게 주 관적으로 귀속될 수 있어야 한다는 것을 들 수 있다. 이것을 '책임'이 라고 부른다. 어떤 침해행위가 발생하였다고 해도, 침해행위자 개인 에게 귀속시킬 수 없는 것이라면 형사처벌을 할 수 없다. 부모 등 감독 자에게 형사책임이 이전되지도 않는다. 그러한 책임에는 던저 '책임 능력'이 있다.

〈형법〉은 14세 미만의 형사미성년자나 심신상실자는 책임무능력자로 처벌하지 않으며, 심신장애자나 농아자(듣지 못하거나 말하지 못하는 사 람)의 행위는 감경한다(〈형법〉 9조, 10조, 11조).

하지만, 행위자가 위험의 발생을 예견하고 자의로 심신상실·장애를 야기한 경우에는 적용이 배제된다. 예컨대, 고의로 음주를 하여 심신 장애 상태(만취)가 되어 범죄를 저지른 경우에는 형이 감경되지 않는 다. 또한 자기의 행위가 범죄가 아닌 것으로 오인한 경우, 그 정당한 이유가 있으면 벌하지 않는다(〈형법〉 16조). 예를 들어, 경찰이 아닌 일 반인이 현행범을 체포하기 위해 다른 사람의 주거에 들어가더라도 주거침입죄에 해당하지 않는다고 잘못 알고 행한 경우에는 상황에 따라서 책임이 없을 수도 있다. 또한 공포·당황·강박에 의하여 어쩔 수 없이 한 행위에 대해서는 책임이 없다.

생각박스

형법의 몇 가지 쟁점들

형사처벌의 요건을 충족시켰다고 해도, 범죄를 확정하는 데 있어서는 몇 가지 쟁점들을 더 고려해야 한다. 어떠한 것들이 있는지 살펴보자.

미수론

미수는 어떤 범죄행위의 실행은 착수했으나 기수(범죄가 완성된 것)에 이르지는 못한 경우를 말한다. 일반적으로 미수는 처벌하지 않고, 형법에 특별히 미수범 처벌규정이 있는 범죄만 처벌한다.

미수범은 기수범에 비해 형을 감경할 수 있다. 미수는 다시 몇 가지로 나눌 수 있다. '장애미수'는 실행은 착수했으나, 외부의 장애요인으로 인해 기수에 이르지 못한 것을 말한다. 이것은 형의 임의적 감경사유에 해당한다. 절도를 하기 위해 담을 넘었지만, 피해자가 소리를 질러 절도를 포기했다면 실행의 착수(월담)는 있었으나 절도를 하지 못하였으므로 미수이며, 피해자의 소리라는 외부적 요인에 의해 중단했으므로, 장애미수에 해당한다.

그다음으로는 '중지미수'가 있다. 중지미수는 행위자가 자의에 의해 범죄를 중지하거나 결과발생을 방지한 것을 말한다. 본인의 의사에 의해 범죄를 중단한 경우이기 때문에 형을 반드시 감경한다(필요적 감경).

하지만 장애미수와 중지미수의 구분이 애매한 경우도 많다. 강간을 시도하다가 피해자가 아는 사람이라는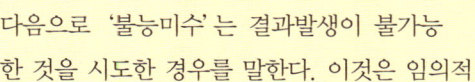
것을 알고 중단했다면, 그것을 외부적 요
인으로 보아 장애미수라고 볼 수도 있지
만, 자의에 의해서 중단했다고 보면 중지
미수가 될 것이다.

다음으로 '불능미수'는 결과발생이 불가능
한 것을 시도한 경우를 말한다. 이것은 임의적
감경사유에 해당한다. 예를 들어 살인의 고의를 가지고 농약을 먹였으나,
그 농약 자체가 치사량에 미치지 못한 것이라면, 애초에 범죄의 실현이
불가능한 행위를 한 것이기 때문에 불능미수에 해당한다.

마지막으로 '예비죄'는 실행의 착수에 이르지도 않은 상태로, 다만 범죄
에 대한 예비행위만을 한 경우를 말한다. 예를 들어 절도범이 범행대상을
물색하거나, 범행 장소를 사전답사하고, 필요한 준비물을 구입하는 것은
예비행위라그 할 수 있다. 문을 따기 시작한 순간부터 범죄 실행이 시작
된 것이고(실행의 착수), 물건을 훔쳐서 나오는 것이 절도범죄의 실현이 될
것이다. 범조의 예비나 음모행위는 특정한 규정이 없는 한 처벌되지 않으
며(〈형법〉 28조), 형법에서 예비죄를 처벌하는 범죄로는 내란죄, 내란목적
살인죄, 외환죄, 외국사전죄, 폭발물사용죄, 도주원조죄 등이 있다.

공범론

공범은 2인 이상이 범죄에 가담한 경우를 말한다. 공범도 여러 종류로 나

생각박스

닐 수 있다. '공동정범'은 2인 이상이 공동으로 범죄를 행하는 것을 말한다(〈형법〉 30조). 각각의 공동정범은 정범으로 처벌받는다. 똑같은 일을 하지 않았다고 하더라도 일을 분담하면 공동정범이 될 수 있다. 예를 들어 절도를 할 때 망을 보는 행위는 직접 절취행위를 하지 않았다고 해도 절도의 공동정범이 될 수 있다.

'간접정범'이란 어느 행위로 인하여 처벌되지 아니하는 자 또는 과실범으로 처벌되는 자를 교사 방조하여 범죄를 저지르는 것을 말한다(〈형법〉 34조). 간접정범은 교사나 방조의 경우와 같은 처벌을 받는다.

'교사범'은 타인에게 범죄를 결의시켜서 범죄를 실행케 하는 것을 말한다(〈형법〉 31조). 교사범은 정범과 동일한 형으로 처벌받는다.

'종범'이란 타인의 범죄행위를 돕는 것을(방조) 말한다(〈형법〉 32조). 종범은 형을 반드시 감경한다. 교사범은 범죄의 의사가 없는 사람을 결의시켜서 범죄를 하게 하는 것이지만, 종범은 이미 범죄를 실행하려고 하는 자를 도와주는 것이다. 마지막으로 '동시범'이란 두 행위자가 아무런 의사의 연락 없이 동시에 같은 범죄를 행한 경우를 말한다.

결과적 가중범

결과적 가중범은 고의범과 과실범이 결합된 형태다. 예를 들어 '과실치사'는 상해의 고의만을 가지고 있었지만, 결과적으로 사망이라는 결과가 발생한 경우를 말한다. '상해의 고의'와 '사망'이라는 결과발생에 대한 주의의무 위반(즉, 과실)이 있는 경우다. 따라서 어떤 행위로 인해 의도하

지 않은 결과가 발생했다고 해서 무조건 결과적 가중범이 되는 것은 아니다.

예를 들어, A가 B와 싸우던 중 시비 끝에 멱살을 잡고 끌고 가다가 엉덩방아를 찧고 주저앉게 했는데, 갑자기 B가 심장마비로 사망했다면, 폭행치사라고 보기 어렵다. 왜냐하면 폭행의 고의는 인정되지만, 심장마비를 막지 못한 것은 정상적인 주의의무 위반이라고 볼 수 없기 때문이다.

부작위범

부작위범이란 위험의 발생을 방지할 의무가 있거나 자기의 행위로 인해 위험발생의 원인을 야기한 자가 그 위험발생을 방지하지 아니하는 것을 말한다(〈형법〉 18조). 위험의 발생을 방지할 의무가 있는 자나 본인의 행위로 위험발생의 원인을 제공한 자를 '보증인적 지위'에 있는 자라고 말한다.

예를 들어, 부모는 감독자로서 자식의 위험의 발생을 방지할 의무가 있다. 즉 부모는 자식에 대해 보증인적 지위가 있다. 따라서 부모가 자식에게 음식을 주지 않아 굶어 죽게 했다면, 적절한 음식을 주지 않았다는 이유에서 살인죄의 부작위범으로 처벌될 수 있다. 또한 교통사고를 냈다면, 위험발생의 원인을 제공한 것이므로 피해자에 대해 보증인적 지위가 성

생각박스

립된다. 따라서 이 경우 교통사고 가해자가 피해자에 대한 적절한 응급조치를 취하지 않는다면, 그 행위를 하지 않았다는 이유 즉, 부작위로 인해 처벌될 수 있다.

법률용어사전
① 외환죄(外患罪)란 국가의 대외적 안정을 해침으로써 성립하는 범죄, 즉 외국이 자기 나라에 무력행사나 적대적인 행위를 하게 하거나 적국을 위하여 인적·물적 이익을 제공하여 국가의 존립과 안전을 위태롭게 하는 범죄를 이른다.
② 외국사전죄란 외국에 대해 '사전(私戰)'을 행하는 것, 즉 국가의 명령 없이 외국과 전투를 하는 것을 의미한다.

어느 경우에 형은 감경되는 것일까?

형법은 어떤 특정한 경우에 법에 규정된 형벌을 감경하도록 하고 있다. 필요적 감경과 임의적 감경 두 가지가 있는데, 필요적 감경은 "심신장애로 인해 전항의 능력이 미약한 자의 행위는 형을 감경한다"(10조 2항)와 같이 법관이 반드시 형을 감경해야 함을 말한다. 그리고 임의적 감경이란 "미수범의 형은 기수범보다 감경할 수 있다"(25조 2항)와 같이 감경의 여부가 임의적으로 즉, 법관의 재량에 맡겨져 있음을 말한다.

미리 보는 법학,
법의 기초제도

형사제재의 종류 알아보기

이렇게 여러 단계의 심사절차를 거치고 나면 비로소 범죄가 성립한다. 범죄가 성립하면 그에 대한 형사제재가 부과된다. 형사제재에는 형벌과 보안처분이 있다.

① 형벌

먼저 형사제재에는 형벌이 있다. 형벌에는 생명을 박탈하는 생명형과 자유를 박탈하는 자유형, 재산을 박탈하는 재산형, 명예를 박탈하는 명예형 등이 있다.

생명형에는 사형이 있고, 자유형에는 징역, 금고, 구류가 있다. 징역은 노역을 하며 감금하는 것이고, 금고는 노역 없이 감금을 하여 자유를 박탈하는 것이다. 구류는 1일 이상 30일 미만 감금하는 것인데, 특별히 규정된 범죄여야 구류형을 내릴 수 있다. 재산형에는 5만 원 이상을 내야 하는 벌금과 2천 원 이상 5만 원 미만의 돈을 내며 주로 경미범죄에 적용되는 과료, 범죄행위에 관련된 물건을 빼앗는 몰수가 있다.

마지막으로 명예형은 공무원자격, 선거권, 피선거권 등을 상실시키거나 정지시키는 형벌이며, 일정한 경우 당연히 부과된다. 예컨대, 무기징역 시 공무원자격, 선거권, 피선거권은 당연히 정지된다. 또한, 판결 선고에 의해 다른 형벌과 함께 부과되기도 한다.

② 보안처분

형사제재에는 형벌 외에 보안처분이 있다. 이것은 주로 재범의 위험성이 있는 자에게 처분되는 제재수단이다. 먼저 〈사회보호법〉에는 보호감호처분, 치료감호처분, 보호관찰처분이 규정되어 있다.

보호감호는 상습범에게 직업훈련, 근로, 감호, 교화를 시키는 처분이고, 치료감호는 심신장애자와 마약·알콜 중독자를 치료감호하는 것이다. 보호관찰은 가출소, 즉 교도소에서 가석방이 되어 출소한 피보호감호자와 피치료감호자를 감호시설 밖에서 지도·감독하는 것이다. 형법에서는 선고유예, 집행유예, 가석방을 하면서 보호관찰, 사회봉사·수강 명령 등을 부과할 수 있도록 하고 있다. 가석방의 경우에는 반드시 부과해야 한다. 〈소년법〉에는 감호위탁, 보호관찰, 병원위탁, 소년원 송치 등의 보호처분이 규정되어 있다.

마지막으로 〈보안관찰법〉에는 국가적 법익에 관련된 범죄 예컨대, 내란죄, 외환죄 등을 저지른 자를 보안관찰하는 보안처분이 규정되어 있다. 대상자는 해당 범죄로 금고 이상의 형을 받고 형기 합계가 3년 이상인 자로, 형의 전부 또는 일부 집행을 받은 자 중 재범위험성이 있는 자이다. 보안관찰 처분을 받으면, 3개월마다 관할경찰서장에게 주요활동사항, 여행에 관한 사항, 통신·회합한 다른 보안관찰처분 대상자의 인적사항, 일시, 장소

등을 보고해야 한다.

〈보안관찰법〉은 이미 형기를 마친 사람에게 부과된다는 점에서 이중처벌이며 위헌이라는 문제가 지속적으로 제기되어 왔다.

③ 집행유예, 선고유예, 가석방

형벌에는 집행유예, 선고유예, 가석방 등의 결정이 내려질 수 있다. 먼저 집행유예란, 일단 유죄선고를 하되, 유예기간을 두고 그 유예기간이 경과하면 형의 선고효력을 상실시키는 것이다. 즉, 집행유예 판결을 받으면 일단 석방된다. 하지만, 만약 유예기간에 금고 이상의 형을 선고받아 판결이 확정되면 집행유예 선고는 효력을 잃는다. 집행유예는 3년 이하의 징역·금고를 선고할 때만 가능하며, 집행유예기간은 1년 이상 5년 이하로 한다.

선고유예는 형의 선고 자체를 유예하고, 그 유예기간 동안 법질서를 준수하면 면소(免訴)시키는 제도다. 면소란 형사소송에서 공소권이 없어져 기소를 면하는 일을 가리킨다. 무조건 2년 후 면소되지만, 벌금형이나 1년 이하의 가벼운 자유형이 부가될 경우에만 선고유예 판결이 내려질 수 있다.

가석방이란 자유형 집행자가 형기만료 전에 석방되는 것을 말한다. 가석방이 취소 또는 실효되지 않고 일정기간이 경과하면 형집행이 종료된 것으로 간주된다. 단, 무기징역을 받은 사람은 10년 이상, 유기징역을 받은 사람은 형기의 3분의 1 이상을 경과해야 한다.

법률용어사전
참고로 흔히들 말하는 전과기록이란 범죄경력자료, 수형인명부, 수형인명표를 가리키는데, 가령 경찰청 전산망에 기록되는 범죄경력자료의 경우에는 벌금형 이상의 형이 선고되면 그 내역이 기재되므로, 징역 또는 금고형의 집행유예도 이른바 전과에는 포함된다고 할 수 있다.

여러 단계의 심사절차를 거쳐 범죄가 성립하면 그에 대한 형벌이나 보안처분이 부과된다.

사형제도에 대하여

많은 나라들이 사형제도를 사실상 폐지했고, 2007년 유엔총회에서는 사형집행중단 결의안이 채택되기도 했다. 우리나라의 경우에는 사형제도를 두고 있지만, 김대중 대통령이 집권한 이후로는 10년 넘게 단 한 번도 사형을 집행하지 않아, 사실상 사형을 폐지한 나라로 분류되고 있다. 김영삼 정권의 집권 말기인 1997년 12월 30일 23명에 대한 사형을 집행한 것이 마지막 사형집행이다. 하지만 사형 선고는 계속되고 있어, 2008년 9월 현재 사형수는 58명에 이른다.

그동안 시민사회와 정치권에서 지속적으로 사형제 폐지 노력이 계속되고 있고, 15대, 16대 국회에서도 사형폐지법안이 발의된 바 있으며, 특히 17대 국회에서는 국회의원 과반수 이상이 서명 동의하여 발의되었지만, 자동폐기되었다.

2008년 9월에는 사형을 사면, 가석방, 감형이 불가능한 종신징역형으로 대체하는 내용의 〈사형폐지에 관한 특별법〉이 발의되었다.

사형제도의 문제점은 여러 가지 측면에서 제기된다. 가장 큰 문제는 오판이 있을 경우 구제가 불가능하다는 것이다. 아무리 과학수사기법이 발달하고 공정한 재판을 한다고 해도, 인간이 재판을 하는 이상 완전히 오판을 피할 수 없다. 그런 상황에서 사후구제가 전혀 불가능한 사형을 내리는 것은 인간의 오만이라는 것이다.

또한 사형의 범죄예방효과는 증명된 바 없다. 사형이 흉악범죄를 줄

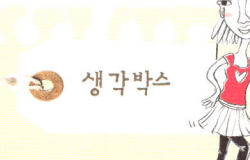

생각박스

이는 데 기여하지 못한다면, 굳이 생명을 박탈하는 극형을 유지할 필요가 있는지 의문이 제기되는 것이다.

또한 종교적 관점에서 보면, 일체의 살생을 금하는 불교나 생명을 낳고 빼앗는 것은 오로지 신의 영역이라는 개신교, 천주교의 관점에서 사형은 정당화되기 어렵다. 특히 종교단체에서 사형제도에 대한 반대에 적극 참여하고 있는 것은 그래서다.

그 외에 우리나라의 경우에는 사형의 적용영역이 너무 광범위하다는 문제도 있다. 사형제도가 살인범죄에 대해서만 적용되는 것이 아니라, 내란죄, 외환죄, 폭발물사용죄, 시설파괴이적죄, 간첩죄 등에도 적용되며, 〈성폭력범죄의 처벌 및 피해자보호 등에 관한 법률〉의 특수강도강간죄, 〈폭력행위 등 처벌에 관한 법률〉의 범죄단체구성죄(수괴의 경우), 〈국가보안법〉상 반국가단체구성죄(수괴와 간부 기타 지도적 임무 수행자의 경우) 등에 대해서도 사형이 규정되어 있다. 그래서 어떤 사람은 사형제도의 전면 폐지보다 사형이 가능한 범죄의 목록을 줄이는 정도면 충분하다는 주장을 하기도 한다.

교수님이 추천하는 법학 관련 책들

반드시 읽어야 할 고전

고전은 오래전에 쓰여졌음에도 불구하고, 현재적 의의가 충분한, 그래서 지금도 반드시 읽어야 하는 작품들을 말한다. 법학에도 몇 가지 중요한 고전이 있다. 읽기가 조금 벅차더라도 인내심을 가지고 읽어보면 큰 성과가 있을 것이다.

먼저 법학의 영원한 고전인 몽테스키외의 〈법의 정신〉에 드전해 보자. 이 책이 말하는 법의 정신은 자유와 평등, 개인과 사회의 안녕을 보장하는 것이다. 그 유명한 '삼권분립' 역시 국가권력을 나누고 제한함으로써 이러한 법의 정신을 극대화하기 위한 원리였음을 알 수 있다.

루돌프 폰 예링의 〈권리를 위한 투쟁〉도 중요한 법학의 고전이다. 이 책은 예링이 빈 대학을 떠나면서 남긴 고별강연을 정리한 책이지만, 법학자다운 정교한 이론을 내세우기보다는 법의 실천적인 측면이 강조되어 있다. "법의 목적은 평화이며, 평화를 얻는 수단은 투쟁이다"라는 그의 말이 책의 핵심 내용을 잘 요약해 준다.

체자레 베카리아의 〈범죄와 형벌〉도 읽어보면 좋을 것 같다. 이 책은 밀실재판, 고문, 과혹한 형벌 등이 만연했던 당시 형사사법을 비판하고, 사회계약론에 기반을 둔 근대형법학의 원형을 제시하고 있다. 그는 기본적으로 사회구성원 개개인의 자유를 최대한 확보하려고 한 사회계약의 원리상 형벌권은 금지되어야 하며, 따라서 죄형법정주의, 사형폐지, 고문금지 등 국가형벌권의 남용을 제한하는 기본원리들이 필요함을 역설하고 있다.

법이란 무엇인지 고민해보자

법학과에 진학하고자 하는 학생들이 법과 법학이 무엇인지 궁금해하는 것은 당연하다. 법과 법학의 핵심적 문제의식을 정리해 놓은 책으로는 먼저 〈법학 입문〉(이상돈 저, 법문사)을 권하고 싶다. 민주주의와 헌법, 주권, 법과 정의, 악 법, 법과 정치 등의 핵심적 주제들을 다루고 있는 책으로 〈법, 정치와 현실 〉(김도균 외 저, ㄴ남출판)이 있다.

그 외에 다년간 법조계에 몸담았고 지금은 대학에서 학생을 가르치고 있는 저자가 일상적인 사례를 통해 법과 법적 사고가 어떤 것인지를 보여주는 〈정 의의 여신, 광장으로 나오다〉(강정혜 저, 프로네시스)와 기본적 법원리들을 이 야기식으로 정리한 〈교양으로 읽는 법 이야기: 법정에서 소크라테스와 공자 를 만나다〉(김욱 저, 인물과 사상사)도 읽어볼 만하다.

다양한 판례들을 읽어보자

법과 법학이 무엇인지를 살펴보기 위해, 판례를 읽어보는 것은 매우 중요한 일이다. 하지만, 판결문은 생각만큼 쉽게 쓰여 있지 않고, 그동안 나온 수많 은 판례들을 찾아서 읽어보는 것은 무모한 일이다.

다행히 흥미로은 판례들을 모아 놓은 좋은 책들이 많다. 중고등학생을 위한 판례모음으로 〈(사회선생님이 뽑은) 우리 사회를 움직인 판결〉(전국사회교사모임 대안사회분과, 휴머니스트)를 추천한다. 외국 판례로는 안락사, 노예제도, 여성 투표권, 음란물 문제 등 8편의 미국 배심제 재판을 모아 놓은 〈세상을 바꾼 법정〉(마이클 리프, 미첼 콜드웰 저, 금태섭 역, 궁리)과 소크라테스, 예수, 갈릴레 오의 재판 등 인류의 양심이 재판대에 올랐던 역사적인 재판 10개를 모아 놓

미리 보는 법학, 법의 기초제도

은 〈내 목은 짧으니 조심해서 자르게〉(탁원순 저, 한겨레출판사), 그리고 〈세기의 재판〉(마릴린 처처 저, 최재경 역, 다연)이 있다.

그 외에 한국 헌법재판소의 주요 판결을 이야기 식으로 정리한 〈그 순간 대한민국이 바뀌었다〉(김욱 저, 개마고원)와 〈헌법줄게 새법다오〉(박성철 저, 이매진)도 추천할 만하다.

법조계와 한국의 법조현실을 알 수 있는 책

법조인으로 살아간다는 것은 어떤 것일까? 법조인들이 직접 자신의 이야기를 적어 놓은 책들을 읽어보자.

〈판사, 검사, 변호사가 말하는 법조인〉(임수빈 외 15인, 부키)이 참고가 될 것이고, 김희수 변호사의 〈법도 때로는 눈물을 흘린다〉(삼인)와 전직 검사인 금태섭 변호사의 〈디케의 눈〉(궁리), 그리고 법조팀 기자들이 변호사세계의 현실과 미래를 소개한 〈변호사 해? 말어?〉(이규진 외 저, 고려원북스)도 읽어볼 만할 것이다.

그런데 법조인의 세계에 대해서는 항상 비판적인 관점이 필요하다. 법조인들이 국민들의 신뢰를 얻지 못하고 있는 것은 비판적 성찰이 부족하기 때문일지도 모른다. 본래의 소명을 버린 채 권력자와 야합해 온 법률가들을 고발하는 〈헌법의 풍경〉(김두식 저, 교양인)이 그러한 성찰의 길을 제시한다.

한편, 조금은 상반된 시각에서 법과 법조에 대한 생각을 펼치는 대담집이 두 권 있다. 진보를 대변하는 차병직 변호사와 천정배 의원의 대담을 담은 〈여기가 로도스다, 여기서 춘

추어라〉(강)와 보수를 대변하는 이석연 변호사(현 법제처장)와 강경근 교수의 대담을 엮은 〈헌법과 반헌법: 이석연, 강경근 헌법대담〉(기파랑)이 그것이다.

법과 인권에 관한 이야기

법의 중요한 임무 중 하나는 바로 인권을 보호하는 것이다. 헌법의 기본적인 사명은 바로 인권의 보장과 보호에 있으며, 법치국가나 법의 지배와 같은 기본적인 국가조직 원리도 역시 인권을 보호하기 위한 것이다. 따라서 법을 공부하려는 사람에게 인권에 대한 감수성을 기르는 것은 매우 중요한 일이다.

인권에 대한 전반적인 이해를 위해서는 먼저 〈세계인권사상사〉(미셸린 이샤이 저, 조효제 옮김, 길)에 도전할 필요가 있다. 두툼한 책이지만, 두고두고 읽어볼 만한 가치가 있다.

좀 더 쉽고 간략하게 인권의 역사를 정리한 책으로는 〈인권의 역사〉(스기하라 야스오 저, 석인선 옮김, 한울)를 읽어보면 좋겠다. 미국헌법 판례를 중심으로 인권의 역사를 살펴보는 〈미국헌법과 인권의 역사〉(장호순 저, 개마고원)도 읽어볼 만하다.

여러 인권 중에서 양심·사상의 자유는 특별히 중요하다. 〈양심과 사상의 자유를 위하여〉(조국 저, 책세상)와 〈평화의 얼굴: 총을 들지 않을 자유와 양심의 명령〉(김두식 저, 교양인)이 좋은 길잡이가 되어 줄 것이다.

미리 보는 법학,
법의 기초제도

그 외에 인권에 관한 에세이 모음으로 편하게 읽어볼 수 있는 책으로 〈십중팔구 한국에만 있는!〉(오창익 저, 삼인), 〈인권의 풍경〉(조효제 저, 교양인)이 있고, 인권변호사인 박원순 변호사가 쓴 〈역사가 이들을 무죄로 하라〉(두레), 〈악법은 법이 아니다〉(프레스)는 우리 인권사를 살펴보는 데 도움이 될 것이다. 〈진실을 영원히 감옥에 가두어 둘 수는 없습니다〉(조영래 저, 창작과비평사)와 〈조영래 평전〉(안경환 저, 강)을 통해 한국의 대표적 인권변호사인 조영래 변호사의 삶을 음미해 보는 것도 좋을 것이다.

법조인이 되기 위한 관문!
로스쿨 vs. 사법시험

로스쿨 시대,
무엇이 달라지는 걸까?

2009년도부터는 로스쿨(법학전문대학원) 제도가 도입된다. 한국 법
학교육사상 가장 큰 사건이라고 해도 과언이 아니다. 법조인이 되고
자 하는 학생들은 다소 혼란스러울 수도 있겠지만, 제대로 알고 준비
한다면 오히려 더 많은 기회를 갖게 될 것이다. 알고 나면 간단하니까,
겁먹지 말고 하나하나 살펴보도록 하자.

이전까지 법조인이 되려면 사법시험을 봐야 했다. 대한민국 국민이라
면 누구나 사법시험을 볼 수 있었고, 그 시험을 통과한 사람은 사법연
수원에서 2년 동안 연수를 받고 법관, 검사, 변호사가 되었다.

이런 방법은 법학교육보다는 시험의 준비와 합격에
초점에 맞춰진 법조인 양성방법이라는 점에
서 여러 가지 문제를 안고 있었다. 흔히 법대
와 의대를 비교하곤 하는데, 의학교육에서는
의대가 중심이고, 졸업자의 절대 다수가 의

사가 되는 반면, 법학교육에서는 법대가 중심이 아니었다. 학교수업을 충실히 듣지 않아도, 사설고시학원에서 열심히 공부하고 시험에 합격하기만 하면 법조인이 될 수 있었기 때문이다.

이러한 문제를 해결하고자 도입된 것이 로스쿨 제도다. 로스쿨은 전공과 무관하게 대학 학부를 졸업한 사람이면 누구나 입학할 수 있고, 3년 과정을 이수하고 변호사시험에 합격하면 법조인 자격을 부여하는 제도다. 이때 로스쿨 졸업생의 70~80% 이상이 시험에 합격하도록 하여서, 실질적으로 (사법시험 합격이 아니라) 로스쿨에 입학하여 로스쿨 과정을 정상적으로 이수하는 것이 법조인양성의 핵심기 된다.

하지만 로스쿨이 모든 대학에 설치되는 것은 아니다. 로스쿨 과정은 일정한 요건을 충족한 일부 대학에만 제한적으로 설치하도록 되어 있고, 설치한 대학은 법학부 과정을 폐지해야 한다. 그래서 로스쿨 인가를 받은 소위 명문 법과대학의 학부 과정은 2009년도부터 신입생을 선발하지 않고, 2008년도 입학생이 졸업하게 되면 완전 폐지된다. 하지만 로스쿨 인가를 받지 않은 법과대학의 법학부는 여전히 유지된다.

법조인이 될 수 있는 두 가지 길

법조인이 되는 길은 보다 다양해졌다. 2009년도부터 대학에 입학하는 사람들이 선택할 수 있는 길은 다음과 같다.

① 로스쿨 비인가 대학의 법학부(4년) – 로스쿨(3년) – 변호사시험 – 법조인

② 비법학부(4년) – 로스쿨(3년) – 변호사시험 – 법조인

③ 로스쿨 비인가 대학의 법학부(4년) – 사법시험 – 법조인

④ 자격 무관 – 사법시험 – 법조인

사법시험의 경우에는 현재 합격 정원이 1,000명에 이르지만, 매년 합격 정원을 축소할 예정이고, 2016년까지만 실시할 가능성이 높다(변호사시험법 제정안). 따라서 로스쿨이 아니라 사법시험을 통해 법조인이 되고자 한다면, 2016년도까지 시험에 반드시 합격해야 하며, 합격 정원이 계속 줄어들 예정이라는 점도 감안해야 한다.

법조인이 되기 위한 관문!
로스쿨 vs. 사법시험

법무부는 2009년에는 1,000명을 선발하고, 2010년과 2011년은 로스쿨 진학으로 인한 사시 응시인원의 실질적인 감소, 7년간 사시 평균합격률(약 4%) 유지, 로스쿨 제도 안정적 정착 등을 종합적으로 고려해 각각 800명과 700명으로 감축키로 했다.

로스쿨 진학과 사법시험 준비를 동시에 하는 것도 가능하다. 하지만 로스쿨 진학을 위해서는 학점, 경력관리, 영어공부 등에 힘써야 하고, 사법시험은 방대한 분량의 시험공부가 필요하기 때문에 현실적으로 이 둘을 동시에 준비하는 것은 쉽지 않을 것이다. 따라서 법조인이 되려는 사람들은 어느 한쪽을 선택하여 전략적으로 준비하는 것이 현명하다.

로스쿨에 진학하기 위해 학부 전공은 상관이 없다. 입학 사정은 서류전형에서는 학부성적, 법학적성시험(LEET), 공인영어성적, 자기소개서, 학업계획서 등을 제출하게 되며, 서류 전형을 통과한 사람들은 구술시험(심층면접)과 논술시험을 보게 된다. 그리고 옛어와 제2외국어 우수자, 공인회계사 등 각종 자격증 소지자, 행정고시 합격자, 공공단체 근무 경력, 시민사회단체(NGO) 근무 경력, 국제기구 근무 경력, 기타 사회 활동과 봉사 활동 경력자에게 가산점을 주는 학교도 있다. 어느 요소가 더 강조되는지는 로스쿨마다 다르기 때문에 그에 맞추어 적절한 준비를 해야 한다.

그리고 학부 졸업 후 바로 로스쿨에 진학하는 것만이 능사는 아니다. 금융전문 변호사가 목표라면, 경영학부를 졸업하여 투자상담사, 선물거래상담사, 금융자산관리사(증권FP)와 같은 금융관련 자격증을 취득하여 금융기관에서 몇 년 경력을 쌓다가 금융법이 특성화되어 있는 로스쿨에 진학하는 것도 좋은 방법이 될 수 있다. 또한 공익 변호사에 관심이 있다면, 학부 때부터 각종 사회 활동이나 봉사 활동에 참여하고, 졸업 후에 인권단체에서 일하다가 공익인권법이 특성화되어 있는 로스쿨에 진학한다면 입학에 유리할 것이다.

로스쿨을 졸업하면 변호사시험을 볼 수 있는 자격이 생긴다. 현재 법무부에서 마련한 〈변호사시험법〉 제정안에 따르면, 5년 내에 3회에 한하여 응시할 수 있으며, 대략 70~80% 정도를 합격시킬 것으로 알려져 있다. 로스쿨 졸업이 합격을 보장해 주지는 않으므로 로스쿨에서도 열심히 공부를 해야 한다. 이렇게 법조인이 되기 위해서는 길고 긴 공부가 필요하다.

법학교육 적성시험이란 무엇일까?

법학적성시험(LEET)은 로스쿨 전형에서 가장 객관적인 지표다. 모든 학생들이 동일한 조건에서 동일한 시험을 보기 때문이다. 반영비율에 상관없이 중요한 전형요소 중 하나가 될 것으로 예상된다. LEET는 법학교육을 이수하는 데 필요한 수학능력과 법조인이 되기 위한 기본적 소양과 잠재적인 적성을 평가하는 시험이다. 다만 법학지식 자체를 평가하는 것은 아니기 때문에, 법대 학부과정을 다닌 것은 도움이 되지 못한다. 실제로 대학교육을 정상적으로 이수한 학생이면 전공과 상관없이 풀 수 있는 문제로 구성되어 있다. 세부과목으로는 언어이해, 추리논증, 논술이 있다. 언어이해는 인문, 사회, 과학, 예술 등 다양한 학문분과의 소재를 통해 법학전문대학원 교육에 필요한 언어이해능력, 의사소통능력, 문제해결능력, 종합적 사고능력 등을 평가하는 시험이다. 추리논증은 일상적인 소재와 논리학, 수학, 인문, 사회, 과학 등 다양한 분과의 소재를 활용하여, 법학전문대학원 교육에 필요한 추리능력과 논증능력을 평가하는 시험이다.

마지막으로 논술은 법학전문대학원 교육에 필요한 분석적, 종합적 사고능력, 복합적 응용력, 문제해결능력과 논리적 글쓰기 능력을 평가하는 시험이다. 논술 제시문은 특정 전공에 치우치지 않고, 다양한 영역에서 선정된다.

로스쿨 진학을 위해 학부 전공자들은 무엇을 해야 할까?

법조인 지망생들이 현실적으로 부딪히게 될 문제는 학부 때 법학을 전공할 것이냐, 아니면 다른 전공을 택할 것이냐 하는 것이다. 로스쿨을 설치한 대학들은 법학 전공자에게 특별한 혜택을 주지 않겠다고 공언하고 있기 때문에 법학을 전공하는 것이 특별히 유리하진 않을 것으로 전망된다. 다양한 전공자들에게 법학공부를 시킨다는 로스쿨 취지를 생각해 보면 더욱 그러하다. 게다가 소위 전통적인 명문 법과대학의 법학부는 폐지된다는 점도 감안되어야 할 것이다.

하지만 로스쿨 비인가 대학에는 여전히 법학부가 존재한다. 어떤 사람들은 이 법학부를 졸업하는 것이 로스쿨 진학을 위한 좋은 방법이라고 전망하기도 한다. 법학은 그 공부량이 워낙 방대하기 때문에, 학부에서 4년 동안 법학공부를 탄탄하게 한 사람을 로스쿨에서 선호할 것이라는 이야기다. 현재로서는 어느 쪽이 더 설득력이 있는지 확실하게 말할 수는 없다.

법조인이 되기 위한 관문!
로스쿨 vs. 사법시험

또 한 가지 기억해야 하는 것은 로스쿨은 법학 외의 분야에서 학사학위를 취득한 자를 입학 정원의 3분의 1 이상 뽑도록 되어 있다는 사실이다. 다시 말해, 법학부 출신이 전체 정원의 3분의 2를 초과할 수 없다.

또한 로스쿨은 그 로스쿨이 소속 대학이 아닌 다른 대학의 학부를 졸업한 자를 입학정원의 3분의 1 이상 선발해야 한다. 다시 말해, A대학 로스쿨은 A대학 학부를 졸업한 자를 3분의 2 이상 뽑을 수 없다. 하지만 이 규정은 최소한의 비율을 밝힌 규정이기 때문에, 실제로 로스쿨들이 어떤 비율을 선택할지는 아직 예상하기 어렵다.

만약 학부에서 법학을 전공하지 않는다면, 어떤 전공을 하는 것이 로스쿨 진학에 유리할까? 이 부분 역시 아직까지 확실한 것은 없다. 일단 로스쿨 전형에서 중요한 비중을 차지하는 LEET라는 시험은 언어이해, 추리논증, 논술 등으로 이루어져 있기 때문에, 철학, 국문학 등 인문학을 공부한 사람이 유리할 수도 있다. 하지만 LEET는 입학전형의 한 요소일 뿐이기 때문에 LEET 성적을 잘 받기 위해, 특정학과를 선택하는 것이 바람직한 것인지는 의문이다. 물론 인문학적 소양이 인간의 세계를 다루는 학문인 법학공부에 좋은 기초를 제공할 것이라는 점은 의심의 여지가 없다.

아무래도 법과 직접적으로 관계가 있는 분야는 행정학, 정치학, 사회복지학, 경제학, 국제관계학, 경영학, 언론학 등 사회과학이다. 실무를 하다 보면, 이들 사회과학 분야와 직접 관련이 있는 법적 분쟁이 많기 때문에, 사회과학을 전공한 사람이 유리할 수 있다.

하지만 인문학이나 사회과학 이외의 자연과학, 공학, 생명과학, 음악, 미술 등을 공부하는 것이 오히려 경쟁력이 있을 수 있다. 실제로 많은 로스쿨들이 다양한 전공자들을 뽑기 위해 노력할 것을 밝히고 있다는 점을 주목해야 한다. 실제로 미국의 로스쿨에서는 인문사회과학 전공자뿐만 아니라 매우 다양한 영역의 전공자들을 골고루 뽑아왔다. 자신의 전공과 관련한 지식이 로스쿨에서 직접 활용될 수도 있다. 예컨대, 예술에 대한 소양을 바탕으로 문화예술 전문 로스쿨에 진학하여 문화예술 전문 변호사가 될 수도 있고, 공학이나 자연과학에 관한 전문 지식을 가지고, 로스쿨을 졸업하여 지적재산권이나 정보법, 과학기술법, 의료, 생명법 분야의 전문 변호사가 될 수도 있다.

결국 어느 전공이 로스쿨 진학에 더 유리할 것인지를 고려하는 것도 의미가 있지만, 그보다는 자기가 공부하고 싶은 분야가 무엇인지를 고민하는 편이 더 현명한 일일 것이다.

로스쿨 시대에 법관이나 검사가 되는 길은?

지금은 사법시험을 통과하고, 사법연수원을 졸업하는 사람들 중 일부를 판사와 검사로 임용하고 있다. 하지만, 로스쿨 시대에 판검사를 어떻게 임용할지는 아직 확정된 바가 없다. 현재 예상해 볼 수 있는 것은, 로스쿨을 졸업하고 변호사시험에 합격한 사람 중에서 바로 판사와 검사를 선발하여 일정기간 연수를 시킨 후 바로 임용하는 방법, 그리고 일정 정도의 경력을 가진 변호사 중에서 선발하는 방법 등을 생각해 볼 수 있다. 판사나 검사에 관심이 있는 사람들은 법원과 검찰의 판검사 임용계획을 계속 주시할 필요가 있다.

예비법조인들의 핫이슈,
로스쿨 선택

한국의 대학에는 성적에 따른 서열이 존재한다. 로스쿨에 대해서도 그러한 서열이 완전히 사라지지는 않을 것이다. 하지만, 로스쿨에는 기존의 대학에서처럼 그런 엄격한 서열은 유지되지 않을 가능성이 높다. 그 이유는 각 로스쿨이 자기만의 특성을 가지고 있기 때문이다. 예를 들어, 예전에는 A대학이 B대학보다 더 명성이 있다면, 무조건 A 대학으로의 진학을 선호하는 경향이 있었다. 하지만 각기 자신만의 특성화 분야가 있는 로스쿨에서는 반드시 그렇지 않다. 예를 들어, 본인이 지적재산권 전문 변호사가 되는 게 목표라면, A로스쿨이 일반적으로 명성이 높다고 하더라도, 지적재산권을 특성화시킨 B로스쿨로 진학하는 것이 더 현명한 선택일 수도 있다. 물론 A로스쿨에 진학한다고 해서, 지적재산권 전문 변호사가 될 수 없는 것은 아니지만, B로스쿨에서는 지적재산권 관련한 과목이 다수 개설될 것이고, 지적재산권 전문 로펌이나 기관들과 연계가 잘 되어 있을 것이다.

법조인이 되기 위한 관문!
로스쿨 vs. 사법시험

그리고 장기적으로는 지적재산권 전문 변호사 네트워크가 B로스쿨을 중심으로 이루어질 가능성도 높다. 그런 점을 감안하면, A로스쿨이 일반적으로 더 좋다고 해서 무조건 A로스쿨을 선택하는 것은 정답이 아닐 수 있다. 게다가 과거에는 특정 몇몇 대학들이 법조인 배출의 대부분을 담당했지만, 로스쿨 시대에는 그렇게 특정 대학이 독주하는 것은 불가능하다. 가장 큰 로스쿨이라고 해봐야 정원이 겨우 150명이다. 즉, 전국의 로스쿨에서 법조인을 골고루 배출한다는 얘기다. 로스쿨의 무한경쟁시대가 도래한 것이고, 법조인이 되는 선택의 폭은 넓어진 것이다. 하지만 그만큼 예비법조인들의 고민은 커지게 되었다.

로스쿨이 설치된 학교 알아보기

현재 로스쿨을 인가받은 대학은 모두 25곳으로 각각 특성화 분야도 발표했다. 어떤 분야를 특성화했다고 해서 그 분야의 법조인만을 배출한다는 뜻은 결코 아니다. 하지만, 특성화 분야에 대해서는 그 분야의 교수님이 다수 포진되어 있고, 그와 관련한 전문적 커리큘럼이 마련되어 있으며, 관련된 기관들과 협조하에 인턴십 프로그램 등을 개발해 놓을 예정이므로, 특성화 분야로 진학하는 것이 그 분야의 전문가가 되기에는 유리할 수 있다.

서울 권역 15개 대학과 지방 4대 권역 10개 대학 등 총 25개 대학이 법학전문대학원 예비인가 대학으로 선정되었는데, 각 학교의 정원과 특성화는 다음과 같다.

서울	건국대(40명 : 부동산관련법), 경희대(60명 : 글로벌 기업법무), 고려대(120명 : 국제법무), 서강대(40명: 기업법 〈세부특성화 : 금융법〉), 서울대(150명 : 국제법무, 공익인권, 기업금융), 서울시립대(50명 : 조세법), 성균관대(120명 : 기업법무), 연세대(120명 : 공공 거버넌스와 법, 글로벌비지니스와 법, 의료 과학기술과 법), 이화여대(˚00명 : 생명의료법, 젠더법), 중앙대(50명 : 문화법), 한국외대(50명 : 국제지역법조인 으˙성), 한양대(100명 : 국제소송법무, 지식 문화산업법무, 공익 소수자 인권법무)
부산	동아대(80명 : 국제상거래법), 부산대(120명 : 금융, 해운통상)
대구	경북대(120명 : IT법)
인천	인하대(50명 : 물류법, 지적재산권)
광주	전남대(120명 : 공익인권법)
대전	충남대(100명 : 지적재산권)
제주도	제주대(40명: 국제법무)
경기도	아주대(50명 : 중소기업법무)
강원도	강원대(40명 : 환경)
충청도	충북대(70명 : 과학기술법)
전라도	원광대(60명 : 의생명과학법), 전북대(80명 : 동북아법)
경상도	영남대(70명 : 공익 인권)

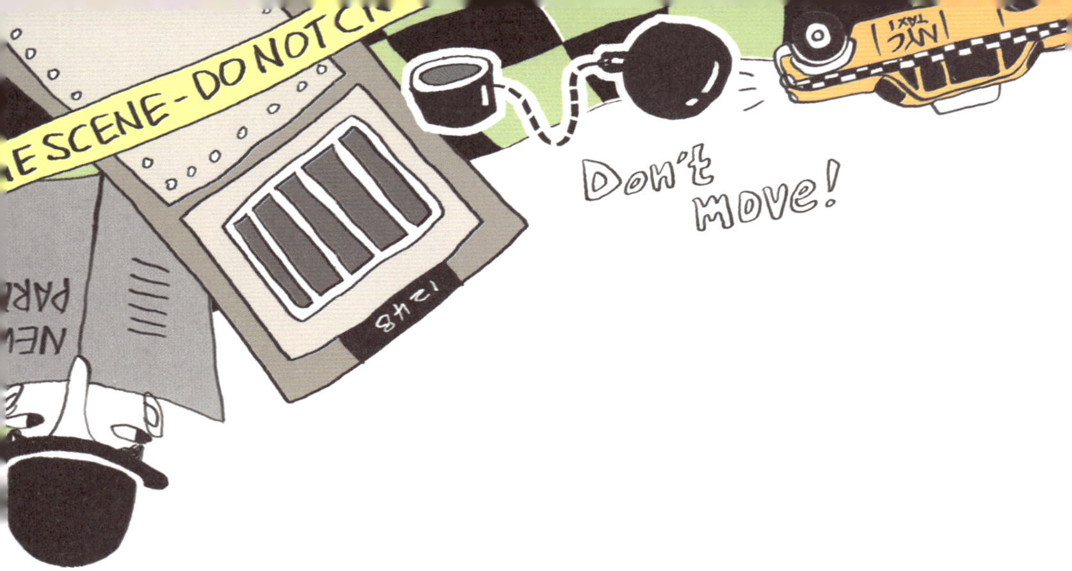

1. 공명정대한 판결자, 법관

2. 공익의 대표자로 피의자를 기소하는 검사

3. 국민의 권리 수호자, 변호사

4. 법을 연구하고 가르치는 법학 교수

5. 법조인이 아닌 다른 길을 선택한 법학도들의 이야기

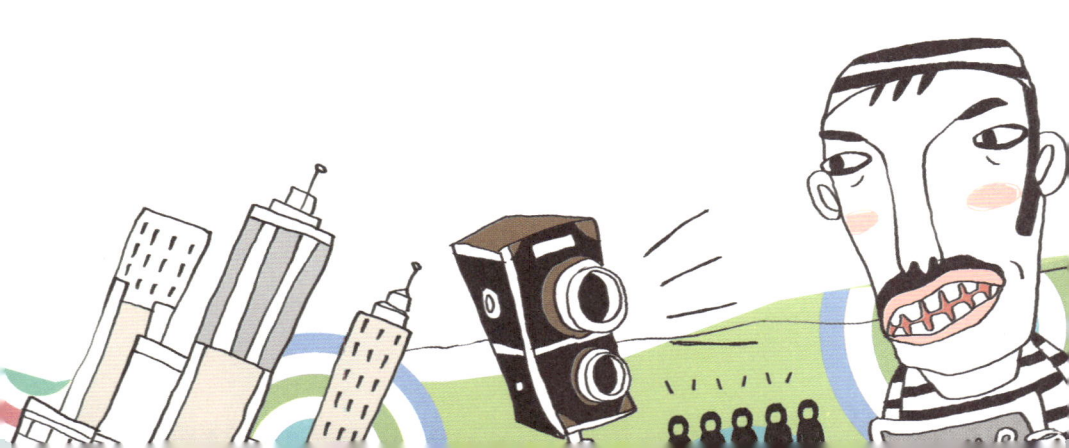

법조인들의 생생한
현장 이야기

공명정대한 판결자, 법관

법관은 재판을 담당하는 직업이다. 〈헌법〉 103조에서는 "법관은 헌법과 법률에 의하여 그 양심에 따라 독립하여 심판한다"라고 법관의 임무를 명확히 규정하고 있다.

법관의 종류에는 대법원에 두는 대법원장과 대법관, 고등법원, 지방법원, 가정법원 등에 두는 판사가 있다. 대법원장과 대법관을 제외하면, 법관의 임기는 10년으로 연임이 가능하며, 정년은 63세다. 법관으로 임무를 수행하기 위해서는 안정된 신분 보장이 필수적이기 때문에, 탄핵이나 금고 이상의 형벌에 의하지 아니하고는 파면되지 않으며, 재직 중 정치운동 참여는 엄격히 금지된다.

법관은 사건기록을 검토하고, 공판절차를 주재하며, 판결을 내리는 일을 한다. 이 외에도 법원행정처 등에 근무하면서 법원의 행정관련 업무를 처리하거나 사법연수원에서

예비법조인을 가르치는 법관들도 있다. 그리고 각급 법원 외에 헌법재판소에서 근무하는 헌법재판소 재판관도 있다.

법관이 되기 위해서는 사법시험을 통과하고, 사법연수원 2년 과정을 마쳐야 한다. 법원에서는 이들 중 우수한 성적을 낸 사람들을 선발하여 법관으로 임명한다. 법관으로 임용이 되면 대법원과 각급 법원에서 근무하게 된다. 한편 로스쿨 졸업자에 대한 임용계획은 아직 정해지지 않았다.

수원지방법원 성남지원 심영진 판사

"올바른 결론을 위한 고민, 판사의 숙명이죠."

법조인 하면 가장 먼저 떠오르는 것은 근엄한 복장과 표정을 하고 법관
석에 앉아 있는 법관의 모습이다. 하지만 법관은 과중한 업무 스트레스
와 판결을 내려야 하는 고뇌를 견뎌내야 하는 힘든 직업이기도 하다.
그 실제 모습은 어떠한지 수원지방법원 성남지원에서 근무하는 심영진
판사를 만나 물어보았다.

Q. 법학과에 진학해서 사법시험을 보게 된 계기가 있나요?

A. 어릴 적부터 법조인이 되기를 꿈꾸어 왔어요. 사법시험은 이를 위해
통과해야 하는 관문이었지요. 초등학교 시절부터 학교에서 장래희망을
조사하면 어김없이 '법관'이라고 썼어요. 돌이켜보면 그때는 억울한
사람들을 돕겠다는 막연한 생각을 가지고 있었을 뿐 판사가 정확히 어
떠한 일을 하는지 잘 몰랐던 것 같아요. 어찌 보면 법학과에 진학해 사
법시험을 보게 된 것은 날카로운 현실인식에 토대를 두고 있었다기보다
는 '어릴 적 꿈을 실현하기 위한 제 나름의 도전'이었다고 할 수 있어요.

Q. 사법연수원을 졸업한 후 왜 판사를 선택하였나요?

A. 사법연수원 생활에 국한해서 말하자면, 2년 동안 다양한 실무교육
을 받는 과정에서 저의 꿈이 적성과 잘 맞는다는 확신을 갖게 되었어

법조인들의 생생한
현장 이야기

요. 학창시절로 비유하면 수학보다는 국어나 영어가 좋아서 문과를 선택하듯이, 검찰실무, 변호사실무 과목보다 민사재판실무, 형사재판실무 과목이 더 재미있었지요. 실무수습 과정에서도 검사직무 대리로서 피의자를 신문하거나 국선변호인으로서 변론을 하는 것보다 실제 재판기록에 나온 당사자들의 주장, 입증을 토대로 사실관계를 확정하고 법률적 판단을 내리는 일이 더욱 흥미로웠어요.

Q. 보통 하루 일과는 어떻게 되나요?

A. '판사'라고 하면 법복을 입고 법정에서 근엄하게 재판을 하는 모습을 연상하게 되는데, 사실 재판기일, 조정기일을 제외하고는 아침 9시에 출근하여 오후 6시에 퇴근하는 여느 직장인들과 다름이 없어요. 다만, 업무량이 많은 편이어서 야근을 하거나 주말, 휴일에도 일을 해야하는 경우가 비일비재해요. 통상적으로 민사, 가사의 경우 매주 재판기일과 조정기일을, 형사의 경우 주2회 재판기일을 여는데, 재판이나 조정이 없는 날에는 기록 검토, 판결문 작성, 각종 신청에 대한 채부결정 등을 해요.

Q. 판사 직무를 수행하는 데 고충이나 어려움은 없나요?

A. 판사에게 가장 중요한 책무가 판결이듯이 가장 큰 고민 역시 판결이에요. 현실에서 일어나는 사안들은 복잡다단하고 당사자들 사이에 이

해관계가 첨예하게 얽혀 있으며 어떻게 결론이 나느냐에 따라 그들의 인생에 중대한 영향을 미치기 때문에 각 사안마다 올바른 결론을 내리기 위해 고민하는 것은 판사의 숙명이자 소명이에요. 또한, 마치 의사들이 하루 종일 아픈 환자들만 대하듯이 판사들 역시 분쟁을 겪고 있는 당사자들, 억울하게 피해를 당하거나 반대로 다른 사람한테 몹쓸 짓을 한 사람들을 주로 상대하기 때문에 사회의 어두운 단면을 많이 보게 되는 측면도 있어요.

Q. 판사라는 직업에 특별히 요구되는 자질이나 적성에는 무엇이 있을까요?

A. 어려운 질문이네요. 저는 특별히 요구되는 자질이나 적성이 있다기보다는 기본적으로 성실성과 인내심, 그리고 상대방의 말을 경청하는 자세를 갖고 있다면 누구라도 판사로서의 자질과 적성을 갖추고 있는 것이라고 생각해요. 다만, 재판은 말 그대로 옳고 그름을 따져 판단하는 일이기에 이해력, 분별력, 판단력 등이 필요하겠죠. 이를 위해서는 평소 사회현상에 두루두루 관심을 갖고 견문을 넓히며 상식을 풍부하게 하는 것이 도움이 돼요.

Q. 판사 직무를 수행하면서 어떤 보람을 느끼나요?

A. 판사로서의 보람이라면 수년간 반목해 오던 당사자를 화해시키는 일을 꼽을 수 있겠네요. 소송을 하는 사람들 중에는 의외로 가까운 가족이나 친구 사이인 경우가 많아요. 서로에 대한 미움이 몸

과 마음을 갉아먹고 있는 것도 모른 채 상대방에 대한 모욕적인 언사를 퍼붓던 당사자들이 판사의 끈질긴 설득과 중재 끝에 마음을 돌이키고 다시 웃으며 손을 맞잡게 되는 광경은 정말 아름다워요. 또한 형사사건에서 억울하게 누명을 쓴 사람의 무고함을 밝혀주는 일 역시 보람 있는 일이지요. 이 부분에 관해서는 긴 설명이 필요 없으리라 생각해요.

Q. 요즘 여성 판사의 숫자가 급격히 늘어나고 있는데, 여성 판사로 좋은 점이나 어려운 점은 무엇인가요?

A. '여풍(女風)'이라 할 만큼 여성 법조인들이 늘고 있고 여성 판사의 비중 또한 점점 더 커지고 있어요. 여성 판사들의 경우 특유의 부드러움과 차분함, 꼼꼼함이 판사로서의 직무 수행에 있어서 긍정적인 요소로 작용해요. 하지만 여성 판사들 역시 여느 '워킹맘'들과 마찬가지로 육아 문제에 대한 고민을 떨쳐버리기에는 아직 현실적으로 여건이 마련되어 있지 않아요. 특히 잦은 야근, 주기적인 근무지 이동 등은 적지 않은 부담으로 작용하지요. 현재는 서울종합청사 내에 어린이집이 한 곳 있는데 앞으로 보육시설을 증강해 나갈 계획이라고 하네요.

Q. 마지막으로 판사를 꿈꾸는 후배들에게 어떤 말을 해주고 싶나요?

A. 판사라는 직업 자체가 명예와 사회적 지위, 물질적 풍요를 담보해 준다는 환상을 가지고 이 직업을 선택한다면 곧바로 후회하게 될 거예요. 판사실에 와보면 알 수 있겠지만 책상과 캐비닛에 수북이 쌓여있는 두꺼운 기록 속에 파묻혀 조용히 일만 해요. 이와 대조적으로 법정과

조정실은 때로는 상인들이 흥정하듯이, 때로는 선배가 후배의 고민을 들어주듯이, 때로는 토론자들이 치열하게 격론을 벌이듯이 당사자들과 직접 대면하고 함께하는 공간이지요. 판사를 꿈꾸는 후배들이 있다면 막연하게 판사라는 직업 자체를 꿈꾸기보다는 구체적으로 어떤 판사가 될지를 꿈꾸어 보길 바랍니다.

법조계는 여인천하?

여성들이 법조계로 많이 진출하고 있다는 기사를 접한 적이 있을 것이다. 과연 얼마나 많은 여성들이 법조계에 진출하고 있을까?

먼저, 법대의 경우 여자 법대생을 보는 것이 더 이상 신기한 일이 아니다. 몇몇 법과대학은 학생의 절반을 여학생이 차지하고 있다. 사법시험에서 여성합격자는 1990년대 후반부터 폭발적으로 증가하여, 2007년 49회 사법시험합격자 1,005명 중에서 여성 합격자는 354명으로 전체의 3분의 1이 넘었다. 사법연수원 우수 수료자들을 선발하는 판검사 임용에서는 그 비율이 더 높아진다. 2008년 새로 임용된 판사 중 절반 정도가 여성이었으며, 신규 임용된 검사 역시 약 40%가 여성이었다. 특히 30~37기 사법연수원 수석 졸업의 영광은 네 번이나 여성 연수원생에게 돌아갔다.

물론 여성 비율이 늘어나게 된 지는 오래되지 않았다. 현재 변호사 1만 명 중 여성 변호사는 약 1,000명으로 약 10%에 불과하며, 판사는 약 20%, 검사는 약 15% 정도다. 아직까지 법원이나 검찰의 고위직에는 남성들이 대부분이다. 헌법재판관이나 대법관으로 임명된 여성은 아직까지 한두 명에 불과하다.

하지만, 여성의 비율이 계속 늘어나고 있는 지금의 추세가 계속된다면 장기적으로 여성의 비율은 상당히 늘어날 것이 분명하며, 여성 대법원장이나 여성 검찰청장을 보게 될 날도 멀지 않았다고 할 수 있다. 『신의 저울』이나 『대한민국 변호사』, 『엄마가 뿔났다』 같은 드

라마에 나오는 여성 변호사, 영화 『구세주』와 『가문의 위기』에 등장하는 여성 검사들은 영화 속의 가상이 아니라 이미 현실이 되어버린 것이다.

공익의 대표자로 피의자를 기소하는 검사

검사는 국민을 대신하여 범죄를 수사하고, 공소를 제기·유지하는 역할을 하는 사람이다. 검사는 수사의 주체로서 피의자를 심문하거나, 구속영장, 압수수색영장을 청구하며, 기소가 필요하다고 판단되면, 피의자를 법원에 기소하여 재판을 받게 한다. 이러한 역할을 국민을 대신하여 수행하는 사람이 바로 검사인 것이다. 형사법정에서는 피고인과 그 변호인이 한쪽 편에 자리하고 반대편에는 검사가 공익의 대표자로 자리하여 피고인의 처벌을 주장하게 된다. 검사는 사법경찰관리를 지휘·감독하고, 재판집행을 지휘·감독하는 권한을 갖는다. 이외에도 민사사건에 대해서 몇 가지 권한을 가지고 있기도 하다.

검사는 법무부 소속 검찰청에 소속되어 있는 행정공무원이지만, 독립적으로 업무를 수행할 수 있도록, 법관에 준하는 특별한 신분보장을 받는다. 60세가 정년인 검사는 법관과 마찬가지로 각급 검찰청에 소속되어 일하게 된다.

검사가 되기 위해서는 사법시험을 통과하고, 사법연수원 2년 과정을
마쳐야 한다. 검찰에서는 이들 중 우수한 성적을 낸 사람들을 선발하
여 검사로 임명한다. 로스쿨 졸업자들에 대한 임용계획은 아직 확정
되지 않았다.

검사는 국민을 대신하여
범죄를 수사하고, 공소를
제기·유지하는 역할을 하
는 사람이다.

수원지방검찰청 여주지청 박영진 검사

"검사가 되기 위해 특별한 정의감과 국가관은 필수입니다!"

드라마나 영화에서 검사라는 직업은 불의에 굴하지 않고 범죄자들과 싸우는 멋진 직업으로 비춰지곤 한다. 과연 우리가 생각하는 그 모습 그대로인지, 수원지방검찰청의 박영진 검사를 만나 직접 물어보았다.

Q. 법학과에 진학해서 사법시험을 보시게 된 계기는 무엇인가요?

A. 저는 고등학교에 입학할 때부터 법대 진학을 목표로 입시공부를 했어요. 그 주요한 동기는 부모님, 특히 아버지의 권유가 컸지만, 지금 돌이켜 생각해 보면 아버지의 권유가 70%, 제 나름대로의 판단도 30% 정도 작용하지 않았나 싶어요. 법대에 진학해서 사법시험을 보게 된 것은 아무래도 주변 동기, 선후배들이 전반적으로 시험을 보는 분위기도 컸지만, 사법시험에 합격해 법조인이 되는 것이 사회의 다양한 분야에 진출할 수 있는 기회를 넓힐수 있다는 점도 중요한 계기가 되었어요.

Q. 사법연수원 졸업 후 왜 검사를 택했나요?

A. 아시다시피 '법'은 필수적으로 국가권력이라는 개념을 전제로 하게 되는데, 기본적으로 법의 생성은 질서의 확립이라는 측

면과 함께 이를 위하여 사용되는 국가권
력에 대한 제한이라는 측면, 이렇게 양면
적인 모습을 가지고 있어요. 제가 대학에 입
학하여 사회의 여러 가지 문제를 접하는 과
정에서 자연스레, 어떻게 하면 국가권력이
국민의 기본권을 과도하게 침해하지 않으면서
정당하게 행사될 수 있을 것인지를 고민하게 되었어요. 이를 위해 폭넓
은 권한을 갖고 있는 검사가 되어 그에게 주어지는 국가권력을 대리하
는 권한을 적정하게 행사해야겠다는 나름의 신념에서 검사라는 직업을
택하게 되었어요.

Q. 보통 하루 일과가 어떻게 되나요?
A. 매일 아침 9시까지 사무실로 출근해 정오까지 근무를 하고, 점심식
사 후 1시부터 다시 6시까지 근무를 하는데, 업무가 많은 관계로 대다
수의 검사들은 일과시간 이외에도 상당시간 야근을 해요. 주요 업무로
는 사건기록 검토, 처분(기소 및 불기소결정), 피의자와 참고인조사 등 직
접 수사 활동과 경찰에 대한 수사지휘 등이 있어요.

Q. 검사 직무를 수행하는 데 고충이나 어려움은 없습니까?
A. 첫 번째로는 업무가 과중해요. 이는 검사뿐만 아니라 판사와 변호사
(특히 로펌 변호사)의 경우도 마찬가지지만, 우리나라에서 발생하는 모든
범죄사건과 고소, 고발사건은 검사의 처분으로 사건이 종결되므로 그

처리에 적지 않은 시간이 소요돼요. 또한 거기에 국가소송, 법안 마련 등도 기본적으로 검사의 업무영역에 속하여 업무가 방대한 편이에요. 두 번째는 검찰을 비롯한 국가기관에 대한 기본적인 신뢰가 저하되고 있다는 점이에요.

민주사회에 진입하면서 예전의 국가기관이 지나치게 내세웠던 권위에 대한 반발로 국가기관에 대한 신뢰가 점점 하락하고 있어요. 기본적으로는 검사 개개인, 국가기관 하나하나가 국민의 신뢰를 회복하기 위해 노력해야겠지만, 다른 한편으로 국민의 기본권 보장이라는 명목하에, 국가기관은 국민의 권익을 제한하려는 조직이라고 생각하고 국가기관에 대하여 특별한 이유 없이 가해지는 비판은 자제되어어 해요.

Q. 검사라는 직업에 특별히 요구되는 자질이나 적성은 무엇인가요?

A. 가장 중요한 것은 투철한 정의감과 국가관이 아닐까 싶어요. 다른 일반 공무원과는 달리 검사 개개인이 하나의 국가기관(전문용어로 단독 관청)으로서 자신의 이름으로 처분을 하기 때문에 검사가 잘못된 생각, 편향적인 판단을 하게 된다면 그것으로 인해 국민 개개인에게 돌아가는 불이익은 적지 않아요. 이는 검사의 수사가 기본적으로 국민의 기본권을 제약하는 성질을 가지고 있기 때문에 더더욱 그러해요. 그리고 거기에 더하여 성실함과 건강한 체력도 필수적이에요. 앞에서 설명하였듯이 검사의 업무가 과중한 편이기 때문에 근면함이나 체력이 뒷받침되지 않으면 검사로서의 직무를 수행하는 데 어려움에 봉착할 수도 있어요.

Q. 검사라는 직업에서 느낄 수 있는 보람이나 매력에는 무엇이 있을까요?

A. 검사에게 주어진 권한을 적정히 행사하여 사회질서 확립에 조금이나마 보탬이 될 수 있다는 자긍심이오. 좀 쉽게 설명한다면 나쁜 범죄자들을 처벌함으로써 내 주변의 선량한 이웃을 보호한다는 것이겠지요. 그리고 검사들은 종종 범죄자로부터 피해를 당한 피해자들로부터 피해회복을 위하여 노력해 주어 감사하다는 편지를 받는 경우가 있는데 이런 때 검사들은 힘들게 일하는 보람을 느껴요.

Q. 마지막으로 검사를 꿈꾸는 후배들에게 어떤 말을 해주고 싶나요?

A. 검사는 사회적인 지위나 명예, 권한뿐만 아니라 그로 인해 얻을 수 있는 개인적인 자긍심 등 매우 매력적인 직업 중 하나예요. 어떻게 마음먹느냐에 따라서 여러 가지 일을 해낼 수 있는 직업이기도 해요. 만약 검사가 되고 싶다는 큰 목표를 세웠다면 이를 위해 단계적인 세부목표를 설정하고 이를 위해 순차적으로 노력을 기울이세요. 예를 들어 법대나 로스쿨 진학, 사법시험 합격, 연수원 수료 등등 각 단계를 넘어설 수 있도록 그에 따른 노력을 기울인다면 결국에는 검사가 되어 있는 자신의 모습을 발견할 수 있을 거예요.

'뜻하면 이루지 못할 바가 없다'는 격언을 늘 상기하신다면 순간순간 힘들 때 도움이 되지 않을까 싶네요.

법조인들의 생생한
현장 이야기

국민의 권리 수호자, 변호사

변호사라는 직업은 소송과정에서 변호를 하고, 소송 외에 법률자문 등의 일반 법률사무를 수행하는 역할을 한다. 국민들이 자신의 권리를 찾기 위해서는 법률전문지식을 가진 전문가의 도움을 받을 필요가 있고, 그런 서비스를 제공하는 것이 바로 변호사라는 직업이다.

변호사 하면 생각나는 이미지는 법정에서 정연한 논리로 상대방과 공방을 벌이는 모습이다. 실제로 변호사는 두 당사자가 대립하는 민사소송에서는 각 의뢰자의 대리인 역할을 수행하며, 검사가 국민의 대표자로 직무를 수행하는 형사소송에서는 피고인의 변호인 역할을 수행하게 된다. 하지만 요즘은 소송 외에도 계약서 검토, 각종 법률자문 등 법과 관련된 거의 모든 일에 관여하고 있다.

변호사가 근무하는 곳 또한 다양하다. 예전에는 혼자 개인사무실을 열어 일하는 것이 일반적이었으나, 요즘은 수 명의 변호사가 합동법률사무소에서 함께 일하기도 하고, 수십 명의 변호사가 법무법인에서 일하는 것도 이미 일반화되었다.

법무법인을 흔히 로펌(law firm)이라고 한다. 그리고 최근에는 사기업이나 공기업 또는 금융기관에서 사내(in-house) 변호사로 일하는 경우도 많이 생겼다. 사내 변호사들은 전문적인 법률지식을 바탕으로 사내의 법무관련 업무를 처리하는 역할을 한다. 이 외에도 변호사들은 공무원으로 취직하거나 시민단체나 노동조합에서 일하기도 하는 등 그 업무영역이 확대되고 있는 상황이다.

변호사가 되기 위해서는 사법시험을 통과하고, 사법연수원 2년 과정을 마쳐야 한다. 로스쿨 졸업자들은 변호사시험을 합격하고 나면 변호사 자격을 취득한다.

변호사는 소송 외에도 계약서 검토, 각종 법률자문 등 법과 관련된 거의 모든 일에 관여하고 있다.

'법무법인 산경' 배소영 변호사

"로펌에서는 보다 다양하고 규모있는 일을 접할 수 있어요."

로펌은 작게는 십수 명 많게는 수백 명의 변호사들이 일하는 변호사들로 구성된 회사(법무법인)다. 법무법인 산경에서 일하는 배소영 변호사를 만나 로펌 변호사에 대해 궁금한 점을 몇 가지 물어보았다.

Q. 법학과에 진학해서 사법시험을 보시게 된 계기는 무엇인가요?

A. 솔직히 극히 평범한 동기 때문이었어요. 원래 저는 사학과에 들어가기를 희망했어요. 역사책들을 즐겨보면서 한 국가의 흥망성쇠를 따라가 보는 것은 어지간한 소설보다도 훨씬 흥미로웠지요. 그런데, 막상 제가 써낸 희망 진로를 보시더니, 아버지께서 많이 걱정하시더군요. 경제적인 능력이 중요한 시대인데, 역사학을 해서는 그렇게 되기 힘들 것이라고요. 그래서 좀 더 현실적인 능력을 갖추기 위해 법학과를 선택하고 사법시험을 보게 되었어요.

Q. 사법연수원 졸업 후 왜 로펌에 변호사로 취직했나요?

A. 판사나 검사가 되면 나름대로 이점이 많아요. 변호사가 일반 시민을 직접 대면하여 그 주장을 대변하는 사람이라면, 판사나 검사는 그 주장의 당부를 가리는 사람이니, 그 권한이 막강한 사

람들이지요. 하지만, 저의 경우 법대에 진학한 후에도 동아리 활동이나 학회 활동을 통해서 다른 세계의 사람들과 소통하고 저의 세계를 넓혀 가는 것이 즐거웠기 때문에 변호사라는 직업이 제 성격에 더 맞을 것이라고 생각했어요. 좀 더 자유로우니까요.

Q. 지금 주로 맡고 있는 일은 어떤 것인가요?

A. 변호사 업무는 아주 크게 보면 형사 업무와 민사 업무로 나눌 수 있어요. 제가 하는 일은 주로 민사 업무인데, 민사 업무는 중요한 거래를 앞두거나 진행 중인 당사자에게 법률 검토 의견을 주는 자문 업무와 분쟁이 발생하여 당사자 사이에 더 이상 합의로 해결이 되지 않을 경우 이를 해결하기 위한 재판 업무로 대략 구별돼요. 저는 현재 주로 부동산 개발, 부동산 금융과 관련한 재판 업무를 주로 하면서, 기업 자문 업무를 병행하고 있어요.

Q. 개업 변호사와 로펌 변호사의 차이가 있다면 어떤 것이 있을까요?

A. 근본적인 차이는 없어요. 변호사가 자신의 이름으로 사무실을 열고 사비로 사건을 수임하여 자신의 수익을 창출하는 것이 개업이라면, 그 변호사가 추후 다른 변호사를 고용하거나, 또 다른 개업 변호사와 동업을 하면서 조직을 확장해 가면 그게 로펌이 되는 것이지요. 다만 로펌 변호사의 경우, 조직이 클수록 맨 파워가 강할 것이라는 일반적인 기대로 인해, 좀 더 다양

하고 규모 있는 일을 접할 가능성이 더 많다는 점이 차이라면 차이일까요?

Q. 요즘 여자 법조인의 숫자가 많이 늘어나고 있는데, 특별히 여성 변호사로서 일하는 데 좋은 점이나 어려운 점은 무엇인가요?

A. 이제는 언론 매체를 통하여 여성 법조인의 활약상이 많이 알려졌기 때문에 사회적인 인식이 많이 바뀐 것은 사실이에요. 어떤 분들은 여성 법조인이 꼼꼼하고 섬세해서 당사자들의 주장을 훨씬 잘 들어준다고 좋아하시지요. 하지만, 아직도 여성이 남성보다 외적인 모습이 약해 보인다는 이유 하나만으로 남성 변호사를 원하시는 분들이 있어요. 그럴 때마다 저는 변호사 업무는 다행히 칼싸움이 아니라고 누누이 말씀드리곤 해요.

Q. 변호사라는 직무를 수행하기 위해 요구되는 특별한 자질이나 적성에는 무엇이 있을까요?

A. 변호사는 기본적으로 타인의 사무를 대리하는 사람이에요. 다른 사람의 신체, 생명, 재산과 직결되는 일을 다루기 때문에 성실함이 최고 덕목이지요. 가끔 법조계의 부도덕성을 질타하는 뉴스를 목격하기도 하지만, 다른 직업군과 그 횟수와 정도를 상대 비교하였을 때, 저는 성실성 하나만큼은 결코 법조계가 다른 직업군에 뒤지지 않는다고 생각해요. 그 외에 필요하다면 서비스 정신이랄까요? 어쨌든 변호사 업무도 서비스업이니까요.

Q. 마지막으로 변호사를 꿈꾸는 후배들에게 어떤 말을 하고 싶나요?

A. 변호사를 꿈꾸는 이유는 여러 가지가 있겠지요. 저처럼 현실적인 동기에서일 수도 있고, 드라마에서처럼 어려운 사건들을 멋지게 해결해 보고픈 치기에서일 수도 있고, 아니면 정의 구현처럼 남다른 소명 의식에 의해서일 수도 있고요. 사법시험을 준비하면서 합격에만 매달린 나머지 애초의 동기는 모두 잊는 분들을 종종 목격하곤 해요. 변호사는 애초의 동기를 달성하기 위한 수단일 뿐 인생의 목표는 아니에요. 일단 주어지면, 아무도 이의를 달 수 없는 멋진 도구임에는 틀림없지만, 아무리 멋지더라도 목표 자체가 될 수는 없다는 점, 잊지 마시기 바랍니다.

새내기 변호사 정보근의 하루 일기

정보근 변호사는 이제 변호사로 일을 시작한 지 겨우 1년도 안 된 새내기 변호사다. 법무법인 한결에서 일하는 정보근 변호사의 하루를 통해, 변호사로 일한다는 것이 어떤 것인지 짐작해 보자.

Am 8:00
아침이다. 현관 문고리에 걸려 있는 주머니 속에서 과일 도시락을 급하게 꺼내 가방에 넣고는 종종걸음으로 버스정류장으로 향한다. 643번 버스가 저 멀리 보인다. 다행이다. 어젯밤에 밀린 일을 처리하느라 너

법조인들의 생생한
현장 이야기

무 늦게까지 일한 게 문제였다. 사무실에 도착하니 10시가 조금 못 되었다. 내가 어젯밤 어지럽혀 둔 책상은 어느덧 말끔히 정돈되어 있고, S 회사 강 팀장의 전화메모가 하나 남겨져 있다.

Am 10:00
비서가 강 팀장의 전화를 연결한다. 강 팀장은 성격이 급한 게 문제다. 오래전 물건을 팔았는데 거래처에서 이런저런 핑계를 대면서 아직까지 물건대금을 주지 않아 소송을 해야겠다고 한다. 사흘 후 소송 진행과 관련한 미팅을 갖기로 하고 전화를 끊는다. 내가 속한 팀은 기업자문팀이다. 고문 기업들의 일상적 법률문제에 대해 자문을 해주기도 하고, 소송이 필요한 경우 소송대리를 해주기도 한다.

Am 10:20
이제 이메일을 확인한다. 파트너 변호사인 K가 남긴 이메일이 있다. M&A 사건이 하나 있는데, 다음 주부터 사흘간 지방에 법률실사를 갈 수 있느냐는 내용이다. 대부분의 로펌은 내부 통신망 아웃룩을 통해 의견을 교환한다. 급한 경우에는 전화를 이용하기도 하지만, 아웃룩을 항상 체크해야만 의사소통을 할 수 있다. 심지어 몇몇 로펌에서는 변호사들에게 외부에서도 아웃룩 체크가 되는 휴대전화를 지급하고 있다고 한다. 고가의 휴대전화를 선물 받았다고 마냥

좋아할 수는 없는 일이다. 주말이나 휴일에도 항상 아웃룩 체크를 해야 하니 족쇄가 따로 없기 때문이다. 법률실사는 M&A를 위해 대상 회사에 법률적으로 어떤 문제가 없는지를 보기 위해 그 회사를 방문하여 관련 서류를 보고 직원과 인터뷰를 하는 것을 말한다.

Pm 12:00
법률실사에 참여할 수 있다는 내용의 이메일 답변을 하고, 주식양수도에 관한 간단한 법률 자문 의견서 작성을 마치고 나니 12시가 조금 넘었다. 급하게 영문계약서를 들고 7층 회의실로 올라간다. 요즘 외국계 회사와의 거래가 많다 보니 영문계약서를 이해하고 자문을 하는 능력이 필요한 경우가 많다. 미국변호사가 있지만, 미국변호사는 한국법에 대한 해석을 할 수 없기 때문에 영어능력을 갖춘 한국변호사의 수요가 점점 증대될 수밖에 없다.
로펌에서 점심시간은 간단한 도시락이나 샌드위치를 먹으면서 각종 내부 회의나 스터디를 하는 시간으로 활용되는 경우가 많다. 나의 경우 월, 수요일에는 영문계약서 스터디, 목요일에는 공익위원회 회의, 금요일에는 기업자문팀 회의에 참석한다.

Pm 1:20
천안에서 있는 재판 출석을 위해 동료들에게 양해를 구하고 1층으로 내려간다. 회사 정문 앞

에는 벌써 회사 차량이 대기하고 있다. 천안에서 증인신문을 마치고 사무실로 돌아오니 5시 30분이 다 되었다. 사무실을 비운 동안 이머일을 체크하고 비서로부터 전화메모를 받은 후 6시쯤 사무실을 나선다.

Pm 7:00
오늘은 일주일에 한 번씩 여의도에 있는 MBC 방송국으로 찾아가는 날이다. 뉴스데스크 기사 중 보도 대상자의 명예훼손 여지가 있는 것은 없는지 등에 관해 보도국 에디터들에게 자문을 해주는 것이 주된 업무다. 7시쯤 도착하여 기사 검색을 하고 있으니 앵커가 오늘의 뉴스데스크 헤드라인을 안내하는 장면을 촬영한다.

Pm 8:00
보도국을 나와 회사로 돌아오는 택시에서 눈을 잠시 붙인다. 피로가 조금 풀린 탓인지 허기가 몰려온다. 회사 근처 샌드위치 전문점에서 샌드위치를 하나 사서 사무실로 들어간다. 나는 아무리 바쁜 경우에도 저녁 식사는 한 시간 이상의 시간을 두고 조금 여유 있게 하고자 하는 편이나 오늘 같은 날은 어쩔 수가 없다. 물론 영어학원을 가는 화, 목요일 저녁은 시간에 쫓길 수밖에 없지만 말이다.

Am 12:00
지체되었던 서면작업을 마무리하고 나니 12시가 조금 넘었다. 변호사들은 일과시간 중에는 이메일, 전화, 회의, 법정출석 등 때문에 의견서

작성이나 준비서면 작성 등 서면작업을 할 시간이 많지 않다. 그래서 저녁식사 후 시간을 활용할 수밖에 없다.

Am 12:30
집으로 돌아와 음악을 먼저 튼다. 나는 우리 로펌 내 변호사들이 결성한 밴드의 보컬을 맡고 있다. 최근에는 팝송을 연습하고 있는데, 따로 연습할 시간이 많지 않아 출퇴근 시간을 이용해 곡을 반복해서 듣는다. 공연장을 생각하면서 노래를 흥얼거리다 보면 나도 모르게 활력을 되찾는다. 일요일을 활용해 격주로 하는 야구동호회 활동과 밴드 활동은 무엇과도 바꿀 수 없는 소중한 시간이다. 오늘은 주말까지 해결해야 하는 업무가 맡겨지지 않았다. 다행히 이번 주에는 야구시합에 나갈 수 있을 것 같다.

Am 1:30
이제야 깊은 잠 속으로 빠져든다.

금융감독원 양여원 변호사

"법과 금융에 대한 호기심을
모두 충족시키기 위해 택한 곳"

요즘은 회사나 금융기관에 소속되어 법률관련 업무를 수행하는 사내
변호사가 점점 늘어나고 있다. 어떤 로스쿨에서는 사내 변호사 양성을
특성화로 삼고 있을 정도다. 금융감독원에서 사내 변호사로 일하는 양
여원 변호사를 만나 궁금한 점을 몇 가지 물어보았다.

Q. 법학과에 진학해서 사법시험을 보게 된 계기는 무엇인가요?

A. 우리나라의 모든 고등학생들이 그런 것은 아닐 테지만 치열한 입시
경쟁 때문에 어렸을 때부터 학교공부에만 열중할 뿐 정말 자신이 무얼
하고 싶은지, 어떤 사람이 되고 싶은지에 대해 깊은 고민을 하는 학생
은 정작 많지 않을 것 같아요. 저도 저의 미래에 대해 생각을 많이 하지
는 못했고, 아버지의 권유에 따라 법학과에 진학하게 되었어요.

다만, 법학과에 진학해서는 부모님과 떨어져 홀로 살면서 나의 삶과 희
망에 대한 고민을 많이 했던 것 같아요. 삶에 대한 여러 방향을 모색하
던 중 '민주언론운동연합' 이라는 시민단체에서 주관한 '언론학교' 라는
프로그램에 참석한 적이 있는데 그때 강사 중 한 분이 변호사였어요.
개인과 언론의 표현의 자유가 실제로 어떻게 침해당하고 있는지 등의
사례를 법률적으로 조목조목 짚어주셨는데 그 강의가 매우 감명 깊었
고, 변호사가 개인의 인권을 보호하는 역할을 할 수 있겠다는 생각이

들어 사법시험을 보게 되었어요.

Q. 사법연수원 졸업 후 왜 금융감독원에서 사내 변호사로 일하게 되었나요?
A. 사실 금융감독원이라는 곳이 어떤 일을 하는 곳인지에 관해 제가 확실히 알고 있지는 않았어요. 다만, 변호사가 기여할 수 있는 곳이 여러 분야가 있을 수 있지만 그 당시 금융환경이 현저히 변화하고 이러한 변화가 개인에게 미치는 영향이 클 수 있다는 것을 막연하게나마 느끼고 있었기에 금융 분야에 대한 호기심을 마음속에 가지고 있었어요. 금융감독원이라는 곳은 제게 그러한 호기심을 충족시켜 줄 뿐만 아니라 공익적 성격을 지닌 법인이므로 그 속에서 제가 할 수 있는 역할을 찾을 수 있겠다고 생각했어요.

Q. 아직까지 사내 변호사라는 것이 생소하게 느껴지는데요. 로펌 변호사나 개업 변호사와 비교해서 어떤 차이가 있나요?
A. 사내 변호사도 로펌 변호사나 개업 변호사와 같이 법률자문과 송무 업무를 하지만, 그 의뢰인이 불특정다수가 아니고 당해 회사(내의 임직원)라는 점에서 달라요. 사내 변호사는 단순 법률자문과 송무 업무를 뛰어넘어 당해 회사의 법률위험을 관리하고 총괄하는 역할도 수행해요. 예를 들어 금융감독원은 금융회사 또는 금융회사의 임직원에게 제재를 가할 수 있는데 그러한 제재가 적법한 것

인지를 미리 검토하여 후에 소송이 들어올 가능성을 최소화하는 것이죠. 변호사가 구체적으로 어느 정도의 역할을 할 수 있는지는 그 회사가 변호사에 대하여 어떤 역할을 기대하는지에 따라 다를 수 있겠지만요.

Q. 그렇다면 지금 사내에서 맡고 있는 일은 구체적으로 어떤 일인가요?

A. 금융감독원은 법무실이라는 부서에 변호사를 8~9명 정도 배치하고 있으며, 개별 부서에서 근무하고 있는 변호사들도 있어요. 저는 법무실에 있는데, 법무실은 금융감독원 내의 작은 로펌이라고 생각하시면 돼요. 다른 부서에서 법률자문을 요청할 때 이를 검토하고 금융감독원이 소송의 당사자가 되었을 때 소송을 수행하는 일을 해요.

Q. 사내에 있는 다른 일반 직원들과 사내 변호사는 어떻게 다른가요?

A. 로펌이나 개업 변호사들과 달리 사내 변호사는 전체 회사의 주요 멤버는 아니에요. 일반 직원들은 금융감독원의 주역할, 즉 금융감독을 효율적으로 할 수 있는 방법을 연구하는 반면, 사내 변호사는 그 감독수단이 법률에 어긋나지 않는지 견제하는 역할을 수행해요. 그러므로 일정 부분에서는 업무상 충돌이 발생할 수도 있지만, 금융감독의 목적에 대해서는 어느 정도 합의가 이루어지고 있기 때문에 외부 변호사들보다는 일반 직원들에 대한 이해도가 높다고 봐야겠지요.

Q. 사내 변호사라는 직무를 수행하기 위해서는 어떤 자질이나 적성이 필요할까요?

A. 앞에서 얘기한 것과 중복될 수도 있지만, 사내 변호사는 회사 조직 내에서 일하는 것이므로 조직에서의 적응과 조직 내 다른 직원들과의 융합이라는 부분이 더 강조되지요. 일반 변호사처럼 자신이 모든 걸 결정할 수 있는 것은 아니라 조직 내의 결재체계 등이 있으므로 조직 내의 토론 또는 설득의 문화에도 익숙해질 필요가 있어요.

Q. 변호사로서 일하면서 어떤 보람을 느끼셨나요?

A. 법률을 해석하는 데 항상 문리해석을 해야 하는 것은 아니에요. 입법적으로 미비한 점이 있을 때 목적적, 체계적으로 법률을 해석하여 본인이 속한 기관의 행위에 대한 근거를 마련하고 이로 인하여 금융감독이라는 회사의 본연 업무를 잘 수행할 수 있게 되었을 때 보람을 느꼈어요.

Q. 변호사를 꿈꾸는 후배들에게 하고 싶은 말은 무엇인가요?

A. 이제는 변호사가 되었다고 하여 신분상승이나 경제적 욕구가 다 충족되는 시대는 아니라고 생각해요. 법률은 우리나라의 기본적인 원칙을 지키는 데 그치지 않고, 국민의 권리 또는 이익과 관련된 제도, 관행을 개선하고 이끌어 나가는 데도 유용한 수단이라고 생각돼요. 변호사의 역할이 무엇인지, 앞으로 어떤 변호사가 될 것인지를 잘 생각하면서 미래를 준비하면 좋을 것 같아요.

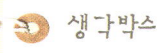

법조인의 직업윤리와 사회적 책임

법조윤리라는 말을 한 번쯤 들어본 적이 있을 것이다. 물론 어느 직업에나 윤리는 중요한 문제겠지만, 법조인에게는 직업윤리가 더욱 강조되어야 한다. 법조인은 고도의 전문적 법지식을 가진 법률전문가이기 때문이다. 예를 들어 식품업자에게도 윤리가 중요하지간, 그것이 유해한지 여부는 쉽게 드러나기 때문에 굳이 윤리를 강조하지 않아도 법으로 규제하고 유해식품을 판매한 자를 처벌할 수 있다. 하지만 법조인들이 일반 국민들에게 제공하는 서비스는 고도로 전문적이어서 우리가 그 품질을 쉽게 판단할 수 없다. 말 그대로 믿고 맡기는 수밖에 없다. 게다가 법조인의 숫자는 한정되어 있어 그들이 서비스 가격을 담합하는 것을 막는 것도 어렵다.

전직 법관이었던 변호사가 승소율이 더 높다는 것은 누가 보아도 문제라고 생각할 수 있지만, 그가 전직 법관이었다는 이유 때문에 승소율이 높은지(이른바 전관예우) 아니면 진짜 실력이 좋아서 승소율이 높은지는 쉽게 가려낼 수 있는 문제가 아니다. 또한 법조인들이 경제적 이익만을 좇아 보다 많은 이윤을 낼 수 있는 일에만 몰두한다면, 사법서비스의 사각지대에 놓인 사회적 약자들은 법적으로 매우 불평등한 상태에 놓일 수밖에 없다. 최고의 로펌 변호사의 변호를 받는 원고와 변호사 없이 소송에 임하는 피고가 평등할 수 없다는 것은 누가 봐도 자명한 일이다.

또한 최근 일부 법무법인에서는 저작권법을 위반하여 다운로드를 받는 사람들을 아르바이트 학생까지 고용해 추적하여, 경찰에 고소하고 협박하여 적당한 가격에 합의하는 식으로 처리하는 경우가 있어 물의를 빚고 있다. 물론 이러한 행위가 합법적일 수는 있으나, 어린 청소년들까지 조직적으로 고소하고 기계적으로 합의금을 받아내는 일이 바람직하다고 할 수는 없을 것이다.

하지만 이러한 문제를 국가적 차원에서 또는 법적 차원에서 해결하는 것에는 한계가 있다. 전관예우는 법으로 정확하게 판단하기 어려운 문제이고, 법률서비스의 부실 또한 법으로 판단하기 매우 어렵다. 또한 모든 재판에서 국민들에게 변호사를 무료로 선임해 줄 수도 없는 노릇이다. 그리고 합법적이지만 바람직하지 않은 변호사의 행위를 법으로 제재하는 것도 한계가 있다.

그래서 요구되는 것이 결국 법조인의 직업윤리와 사회적 책임이다. 즉 법조인들이 자발적으로 윤리를 지키고 사회적 책임을 다해야 한다는 것이다. 그래서 전관예우나 기타 부정비리를 없애기 위해 변호사협회 차원에서 자정 노력을 벌이기도 하고, 자체 징계를 강화하기도 하며, 법무부에는 법조윤리협의회가 설치되어 있기도 하다.

미국에서는 모든 로스쿨과 변호사시험에서 법조윤리와 책임에 관한 과목이 필수과목

으로 지정되어 있으며 우리나라 사법연수원에서도 정식교과목으로 되어 있다.

'프로 보노(pro bono)' 라는 말이 있다. 이것은 변호사를 선임할 여유가 없는 이들을 위해 무료로 법률서비스를 제공하는 것을 말한다. 미국변호사협회에서는 1년에 최소 50시간 이상 프로 보노 활동을 할 것을 권장하며, 연례 총회에서는 모범적인 프로 보노 활동을 한 변호사에게 프로 보노 상을 수여하기도 한다.

특히 대형 로펌에 대해서는 공익 활동을 더욱 강하게 요구한다. 흥미로운 것은 미국변호사협회에서 로펌의 공익활동순위를 매기는데, 50대 로펌은 대개 공익활동순위에서도 50위 내에 들어간다. 즉 사회적으로 영향력이 큰 로펌일수록 더욱 사회적 책임을 다하고 있는 것이다.

우리도 아직 활성화되지는 않았지만, 몇몇 로펌에서 프로 보노 활동을 하고 있다. 각 지방변호사협회에서는 당직변호사 제도를 시행하여 수사단계에서 변호인의 조력이 필요한 사람이 있으면 즉시 달려가 피의자를 접견하고 필요한 도움을 제공하고 있다. 서울변호사협회에서는 얼마전 '지킴이 · 바름이 변호사단' 을 출범시켜, 법률원조사업, 무료법률상담, 당직변호사, 민사소액사건지원, 개인파산 · 면책 지원 등 여러 가지 공익 활동을 통합적으로 제공하는 법률서비스를 제공하고 있다. 그 외에도 공익 활동만을 전문으로 하는 '공감' 이라는 공익변호사그룹도 있고, '민주사회를 위한 변호사모임' 에서는 시국관련 사건에 대해 무료변론을 제공하고 있다.

생각박스

법률을 다루는 직업에서 윤리적 책임이 요구된다는 것은 흥미로운 일이다. 여러분이 법조인이 된다면 아마도 권력과 명예, 그리고 부를 거머쥘 수 있을지도 모른다. 하지만 그에 상응하는 높은 수준의 사회적, 윤리적 책임 또한 요구된다는 사실을 반드시 명심하여야 할 것이다.

법을 연구하고 가르치는 법학 교수

법대 졸업생들 중에는 대학원에서 공부를 계속해서 교수가 되는 경우도 적지 않다. 법학 교수가 하는 일은 크게 학생들에게 법학을 교육하고, 학문으로서의 법학을 심도 있게 연구하는 일로 나눌 수 있다. 어떤 사람은 가르치는 보람과 재미 때문에 교수의 길을 걷기도 하고, 어떤 사람은 법학을 깊게 공부하는 것 자체에 큰 흥미를 갖는 경우도 있다.

법학 교수들 중에는 학부를 졸업하고, 대학원에서 법학석사와 법학박사 학위를 취득한 사람들도 있고, 실무법조인으로 일정 기간 근무하다가 교수가 되는 사람도 있다. 로스쿨에서는 전체 고수 정원의 20% 이상을 실무경력교원(실무에 종사한 경력이 있는 교원)으로 임용하게 되어 있다.

"삶의 수단으로써 법학을 하기보다 법학 그 자체가 삶의 목표가 된 셈이죠."

적지 않은 숫자의 법대 졸업생들이 실무법조인의 길을 뒤로하고 학교에서 법학도들을 가르치는 일에 종사하고 있다. 영남대 양천수 교수를 만나 법학 교수의 세계를 물어보았다.

Q. 처음에 법학과에 진학하게 된 계기나 이유가 있나요?

A. 솔직히 말하면, 특별한 계기나 이유는 없었어요. 고등학교 때는 법학보다는 철학을 더 공부하고 싶었어요. 삶에 대한 궁극적인 의문이 많았기 때문이지요. 그래서 '빵을 위한 학문'으로 보이는 법학은 안중에도 없었고, 오직 철학 같은 인문학만이 '진정한 학문'으로 보였어요. 그렇지만 여러 현실적인 이유 때문에 결국 법학과로 진학하게 되었어요. 그래서 처음에는 마음고생도 많이 했지만, 지금은 제가 법학을 공부하게 된 것을 다행이라고 생각하고 있어요. 물론 법학자로 살아가는 것도 자랑스럽게 생각하고 있어요.

Q. 실무법조인의 길보다 학자의 길을 걷게 된 이유는 무엇이었나요?

A. 법학에 재미를 갖고 몰두하면서 저 역시 처음에는 실무법조인으로 살아갈까 하는 생각을 해보았지요. 그렇지만 법학에 점점 깊이 빠지면서, 삶의 수단으로써 법학을 하기보다는 법학 그 자체를 삶의 목표로

해야겠다는 결심을 하게 되었어요. 그때가 법대 3학년 여름방학 때였지요. 삶에 대한 궁극적인 질문을 많이 던지려던 저에게 실무법조인의 삶은 그리 매력적으로 보이지 않았어요. 물론 솔직히 '사회적 지위'와 '명예' 등을 누릴 수 있다는 점에서 끌리는 면이 없지 않았지만, 그 당시 저의 눈으로 볼 때 실무법조인의 삶은 비생산적이라는 느낌이 강했지요. 오해일 수도 있지만 말이에요. 사실 실무법조인도 현실의 분쟁을 정의롭게 해결하기 위해 고민해야 하고, 공부도 많이 해야 해요. 그렇지만 논문 등을 통해 자신만의 세계를 구축해야 하는 학자보다는 아무래도 덜 창조적이라고 판단을 했지요. 그래서 제 자신의 세계를 만들어 갈 수 있는 학자의 길을 선택했어요.

Q. 학문으로써 법학을 연구하고 가르치는 것과 실무가로서 법을 다루는 것에는 어떤 차이가 있을까요?

A. 법학은 실천적인 학문이므로, 양자는 궁극적으로는 차이가 없다고 봐요. 저는 '학문으로서의 법'과 '실무로서의 법'을 구분하는 것에 다소 회의적이에요. 특히 내년부터 시작하는 법학전문대학의 시대에 맞지도 않고요. 다만 그 강조점이 다를 뿐이지요. 실무가로서 법을 다룰 때는 시간적인 한계를 비롯한 여러 한계 때문에, 아무래도 분쟁을 신속하게 그리고 자신이 처한 직분에 따라—판사, 검사 또는 변호사로서—해결할 수밖에 없겠지요. 저는 이것을 '참여자의 관점'에 따라 법을 다루

는 것이라고 봐요.

반면 법학자는 실무가가 원용한 법적 논증이 타당한지, 이것이 기존의 법적 원리나 체계 등에 합치하는지를 살펴보아야 하지요. 저는 이를 '관찰자의 관점'에서 법을 다루는 것이라고 봐요. 이처럼 실무가나 법학자는 강조점과 관점이 다르지만, 실무가 역시 법적 원리나 체계를 무시하면서 분쟁을 해결할 수 없고, 법학자 역시 분쟁해결을 도외시한 채 법의 원리나 개념·체계에만 몰두하는 것도 맞지 않다고 봐요.

Q. 특별히 대학에서 교수로 일하면서 느낄 수 있는 보람이나 매력이 있다면 어떤 것이 있을까요?

A. 저는 교수라는 직업은 축복받은 직업이라고 생각해요. 우선 자신이 좋아하는 학문세계에 깊이 몰두할 수 있는 직업이고, 이를 통해 항상 새로운 것을 공부할 수 있죠. 또한 예술가처럼 자신만의 세계도 구축할 수 있어요. 항상 배우고 창조할 수 있는 직업이고, 자신의 노력에 따라 언제나 행복한 삶을 누릴 수 있다고 생각해요. 또한 실천학문인 법학을 학문적으로 발전시킴으로써, 인류사회가 더욱 진보하는 데 기여할 수 있다는 점도 매력적이에요.

이뿐만 아니에요. 강의나 세미나를 통해 젊은 학생들과 교류할 수 있으니, 생각의 유연성도 유지할 수 있지요. 그렇지만 가장 보람 있는 일은, 장차 우리 사회의 기반이 될 젊은 고급인재들을 길러내는 데 중추적인 역할을 한다는 거예요. 특히 이른바 지방대학에서 일하고 있는 저에게는 지역사회의 기반이 될 인재를 길러내야 하는 사명이 있지요. 인재양

성은 교수가 짊어져야 할 가장 중요한 소명이자 매력이라고 생각해요.

Q. 학문을 연구하고 학생들을 가르치면서 어떤 애로사항이나 어려운 점은 없나요?

A. 먼저 교수는 학자로서 학문에 매진해야 하는데, 현실적으로 한국의 대학에서는 행정업무부담 때문에 학문에 매진하기 어려워요. 공부보다는 소모적인 회의 때문에 하루를 보내야 하는 경우가 많지요. 특히 법학전문대학원이 설치되는 우리 법과대학의 경우, 교수들이 부담해야 하는 행정업무가 실로 엄청나지요. 둘째는 학생들의 관심과 눈높이를 맞추는 일이에요. 아무래도 교수는 자신의 학문적 관심에 따라 연구하기 때문에, 항상 새로운 것을 추구해요. 학생들에게 강의를 할 때는 언제나 동일한 수준을 가르쳐야 하기 때문에 이것이 쉽지 않아요. 또한 현실적으로 대학이 서열화되어 있어, 학생들의 학력수준도 달라요. 교수는 쉽게 가르쳤다고 생각하지만, 학생들에게는 어려울 수도 있거든요. 더군다나 한 강좌에 상이한 수준의 학생들이 한데 모여 있는 경우에는 이런 어려움이 심화돼요.

Q. 대학 교수로서 특별히 필요한 자질이나 적성에는 어떤 것이 있을까요?

A. 우선 가장 중요한 것은 학문에 대한 열정이라고 생각해요. 그런 열정과 함께 호기심이 많고, 배우는 것을 즐기는 사람이라면, 교수의 길

을 권하고 싶어요. 하지만 교수의 사회적 지위나 명예 때문에 교수직을 좇고자 한다면, 별로 권하고 싶지 않아요.

외형적으로 볼 때, 교수의 생활은 아주 단순해요. 매일매일 연구실에서 혼자 연구하고, 나머지 시간에는 강의와 세미나에 참석해요. 학문에 대한 열정이 없다면, 이러한 삶은 지루하기 짝이 없을 거예요. 학문을 향한 끊임없는 열정이 있어야만, 이러한 무미건조한 삶을 평생 지속할 수 있을 거예요. 둘째로 성실성이 있어요. 사법시험은 비교적 단기간에 집중적으로 공부하여 끝낼 수 있지만, 학문은 그렇게 금방 성과가 나오지 않지요. 그러니 성실하게 매일매일 연구에 몰두해야만, 자신의 학문적 삶이 원숙기에 접어들었을 때, 가시적인 성과가 나올 거예요. 마지막으로 특히 법학과 같은 인문사회과학 영역의 교수직을 희망하는 경우에는 탁월한 어학능력이 필요해요. 최소한 필요한 외국문헌은 자유자재로 읽을 수는 있어야겠지요. '우리의 독자적인 법학'을 구축하는 것도 중요하지만, 그렇다고 우리 것만 공부해야 하는 것은 아니에요. 선진외국학문을 계속 접해야만 학문이 발전할 수 있어요. 외국 것을 그대로 써먹기 위해서가 아니라, 그들의 것을 참고로 해서 새로운 것을 착상하기 위해 필요하지요. 그런 점에서 외국어 능력은 교수직을 희망하는 사람들에게 필수적인 능력이라고 봐요.

Q. 끝으로 법학 교수를 꿈꾸는 학생들에게 하고 싶은 말은 무엇인가요?
A. 저는 요즘 소탐대실(小貪大失)이라는 말을 많이 떠올려요. 당장에는 결과가 안 나올 수 있지만, 좀 멀리 보고 뚝심 있게 기다리자는 것이죠.

**법조인들의 생생한
현장 이야기**

학자를 지망하는 학생들에게는 이러한 마음가짐을 가질 필요가 있다고 생각해요. 학자의 길을 멀고 험해요. 사법시험에 합격하면, 곧장 판검사나 변호사로서 사회적 지위도 누리고 돈도 벌 수 있는 탄면, 학자의 길을 걷는 학생들은 최소 5년 이상의 학위과정을 견뎌야 하고, 학위를 받아도 곧바로 교수가 되는 것도 아니지요. 교수는 다른 법률가에 비해 상대적으로 보수도 적은 편이에요. 이러한 경제적인 측면도 민감한 문제일 수 있지요.

그렇지만 삶의 의미를 자기완성에서 찾는 학생이라면, 자신만의 세계를 추구하는 동시에 인류에 봉사하려는 마음을 품은 학생이라면, 교수의 길을 걸어보라고 권하고 싶어요. 자신의 삶이 성공했는가, 실패했는가 하는 것은, 결국 자신의 삶을 마감하는 시점에서 판단해야 하지 않을까요? 그런 점에서 저서와 논문의 형태로 자신의 발자취를 세상에 남겨놓을 수 있는 법학교수의 길이야말로, 그 어느 직업보다 매력적이라고 생각해요. 물론 이런 영광을 누리기 위해서는 끊임없이 인내하는 마음가짐을 가질 필요가 있겠지요.

법조인이 아닌 다른 길을
선택한 법학도들의 이야기

법대를 졸업한 후 반드시 법조인이 되는 것은 아니다. 실제로 법대 졸업생은 전국적으로 1만 명에 가깝지만, 그중 법조인이 되는 경우는 1,000명도 채 안 된다. 오히려 법대생의 절대 다수는 모두 법조계가 아닌 다른 직장에 취업을 하고 있다. 로스쿨 시대에도, 로스쿨이 없는 대학의 법학부는 대부분 그대로 유지된다. 법학부의 졸업생들의 일부는 로스쿨에 진학하기도 하겠지만, 여전히 대다수의 법학부 졸업생들은 법조계 이외의 다른 직장을 선택하게 될 것이다.

법대생들도 다른 전공자와 마찬가지로 일반기업체나 금융계, 보험계에 취직한다. 특히 법률지식이 많이 요구되는 금융계, 보험계에서 법대생들을 선호한다. 일반기업체에 들어가면, 법무나 노무, 인사 등 법과 관련이 있는 업무를 담당하는 경우가 많지만, 법과 전혀 관계없는 일을 하는 경우도 적지 않다. 일반적으로 법대졸업생의 취업률은 높은 편으로 알려져 있다.

법조인들의 생생한
현장 이야기

또한, 법대생들은 법학지식을 필요로 하는 각종 자격증 시험이나 공무원시험에 응시하기도 한다. 사법시험 외에도 행정고시, 외무고시, 입법고시, 법원사무관시험, 7~9급 공무원시험 등에는 법학과목의 비중이 상당하기 때문에 법대생에게 유리한 편이다. 공인중개사, 노무사, 세무사, 변리사, 법무사 등 법과 밀접한 관계가 있는 자격증 시험에도 법대생들은 많이 응시한다. 교직과목을 이수하여 사회교과 교사로 진출하거나, 언론사 시험에 도전하는 경우도 있다 세상의 거의 모든 일들이 법과 직간접적으로 연결되어 있는 만큼, 법학 전공자에 대한 수요는 앞으로도 줄지 않을 것이다.

수출입은행 허정옥 과장

"현대사회에 법학도들의 법학 지식은 어디서든 대환영"

법대 졸업생들이 선호하는 직장 중 하나는 바로 금융계다. 수출입은행에서 근무하는 허정옥 과장을 만나 금융기관에서 일하는 법대졸업생의 삶은 어떠한지 알아보도록 하자.

Q. 법학과에 진학하게 된 계기나 이유는 무엇인가요?

A. 어려서부터 법조인의 꿈을 가지고 이를 위해 매진해 온 다른 동기생들과는 달리 특별히 구체적인 미래에 대한 상을 가지고 법학과에 입학하지는 않았어요. 하지만 사회에 진출해서 어떤 직업을 가지게 되던 법학 지식을 바탕으로 한 체계적인 사고는 도움이 될 것이라 생각했지요. 졸업한 지금 그 선택은 크게 틀리지 않았던 것 같아요. 법학 지식뿐만 아니라 법학 교육을 통해 체득한 법적 사고(Legal Mind)는 제 업무 처리 과정에서 보다 정확하고 합리적인 판단을 내릴 수 있는 틀로 작용하고 있어요.

Q. 법학과 졸업 후 금융계에 진출하게 된 계기는 무엇인가요?

A. 졸업 후 대학원에서 국제법을 전공하면서 국제거래 관계, 국제기구와 국제 공동체 질서 등에 관심을 가지게 되었어요. 석사학위 취득 논문을 준비하면서 계속 공부를 할 것인지, 취업할 것인지를 고민하던 중 "국

제거래지원 핵심은행"이라는 모토하에 수출기업들의 수출일, 해외투자 지원을 전문으로 하는 국책은행인 한국수출입은행을 알게 되었지요. 제가 석사과정 중 관심 있게 공부해 온 분야의 실무를 직접 경험할 수 있는 직장이라고 생각되어 지원하여 지금까지 다니고 있어요.

Q. 지금 사내에서는 어떤 일을 하고 있나요?

A. 현재 저는 한국수출입은행에서 주로 중소기업을 상대로 대출, 보증 업무 등을 수행하고 있어요. 이 외에 중소기업들의 수출입 업무와 해외 투자 관련한 문의사항 등에 관한 상담을 하고 필요 시 유관기관과 연계 해 주는 활동을 하고 있어요.

신문이나 뉴스를 통해서만 접하던 중소기업들의 성장을 직접 접하면서 보람도 느끼지만 대기업 위주의 경제구조로 인해 늘 약자의 위치에 서 있을 수밖에 없는 고객기업들의 애환을 보면 안타까울 때가 많아요. 저 희 은행 직원은 대부분 순환근무제에 따라 중간관리자로 성장할 때까 지 본·지점 여신, 자금, 여신지원, 경영지원 등 다양한 분야의 업무를 거치게 되는데 저 역시 현 부서 전에 법무실, 국제협력실, 선박금융부 등의 부서를 거치며 다양한 업무 경험을 쌓았지요.

Q. 사내에서 법학과 졸업생들이 주로 맡는 업무가 있다면 어떤 것이 있을까 요?

A. 아무래도 전공을 살려 법무실에서 계약서 작성과 심사, 법규 질의 회신, 국제계약상담 등을 담당하는 경우가 많으나 저희 은행의 경우 법

학과 출신 직원들이 비교적 다양한 부서에 포진해 있어요. 모든 금융계약 또한 법과 내규가 기본이 되기 때문에 저처럼 일선 여신부서에서 대출, 보증 업무 등을 담당하거나 그 외 일반적인 여신지원, 경영지원 업무를 수행하고 있는 직원들도 많이 있어요. 앞에서 언급했듯이 여러 부서에서 근무할 수 있는 기회가 주어지므로 그 과정에서 자신의 적성에 맞는 업무를 찾아 그 분야의 경력을 쌓게 돼요.

Q. 법학과 출신으로 금융기관에서 일하면서 특별히 유리한 점, 그리고 불리한 점이 있다면 어떤 것이 있을까요?

A. 대부분 은행의 인적 구성은 경영, 경제학을 전공한 직원들이 대다수이고 법학과 출신은 상대적으로 소수예요. 또한 은행 업무의 바탕이 되는 회계 지식 등은 경영, 경제학 전공자에 비해 부족할 수밖에 없어 이러한 지식을 습득하기 위해 스스로 노력하지 않으면 업무 수행에 다소 어려움을 겪을 수 있어요. 하지만 법학 전공자들의 법학 지식은 법과 내규, 원칙에 의거해 처리해야 할 일이 많은 은행 업무의 특성상 큰 장점이기 때문에 부족한 부분만 보완하는 노력을 꾸준히 한다면 어느 전공자보다 조직에 필요한 인재가 될 수 있어요.

Q. 마지막으로 금융기관 취업을 생각하는 후배들에게 어떤 말을 하고 싶나요?

A. 먼저 어느 직업을 선택하든 충분히 생각하고 결정하는 신중한 자세가 중요하다고 생각해요. 한번 직업을 정해서 직장생활을 시작하면, 본인의 적성에 맞지 않는다고 느껴지더라도 직업을 바꾸는 것이 그리 쉬운 일은 아니에요. 당연한 이야기지만 본인의 관심, 장기와 성격을 충분히 감안해서 진로를 정하세요. 금융기관은 업무 특성상 다소 보수적이고 경직된 조직 문화를 가지고 있는 곳이 많아요. 은행 업무는 성격상 자유분방하고 개성이 강한 사람보다는 차분하고 꼼꼼한 사람이 더 적성에 맞는 것 같아요. 하지만 이런 분류는 다분히 주관적이고 상대적인 것이고, 결국 자신의 적성은 자신이 가장 잘 판단할 수 있을 거예요. 금융인이 되고 싶다면 기본적인 경제동향이나 세계 금융의 흐름에 관심을 가지고 관련 서적을 평소 탐독하고, 영어 공부를 꾸준히 하면 도움이 될 거예요. 국제금융 업무는 모두 이메일, 계약서 등 서류로 이루어지는 경우가 대부분이므로 자신의 의사를 능숙히 전달할 수 있는 회화 능력뿐 아니라 영문 작성 능력도 중요하다는 점에 주의를 기울여 공부하면 좋아요. 즐기면서 일하는 사람을 당할 자는 없다고 했지요. 대부분의 직장인이 하루의 반 이상의 시간과 에너지를 업무에 투여하게 되는데 즐기면서 할 수 있는 일을 직업으로 가질 수 있다면 인생의 가장 큰 행복 중 하나가 아닐까요? 여러분이 부디 그런 적성을 찾아 보람 있는 직장생활을 할 수 있기를 바랍니다.

교수님들의
학문 이야기

Legal
Information
Center

내 인생의 전환점,
이상돈 교수님과의 만남

이상돈 교수님과 나는 각각 80년대와 90년대에 법과대학을 다녔다. 우리는 모두 법과대학을 진학한 동기가 그리 특별하지 않았다. 법대에 진학하는 학생들이 으레 그러하듯이, 법을 통해 정의를 실현해보고 싶다는 거창한 포부와 판검사나 변호사같이 좋은 직업을 가질수 있다는 현실적인 이유가 모두 작용했을 것이다.

이상돈 교수님은 대학을 수석으로 졸업할 만큼 열심히 공부하는 학생이었다. 하지만 수업만 열심히 들은 것은 아니었다. 교수님은 법학 이외에도 사회과학과 인문학의 다양한 서적들을 폭넓게 읽으면서 법을 좀 더 넓은 시야에서 보려고 노력했다. 그러면서 학문으로서의 법학을 깊이 있게 공부해야겠다는 생각을 했고, 자연스럽게 대학원에 진학하게 되었다. 그리고 몇 년 후 독일 유학길에 올라 본격적인 법학자의 길을 걸었다.

그때부터 지금까지 이상돈 교수님은 근대성(모더니즘)에 관심을 두고

있다. 근대성은 인간의 이성의 힘을 신뢰하고, 개인의 자유영역을 극대화함으로써, 시민사회의 자율성을 실현하는 정신이다. 그 근대성이 한국사회에서 어떻게 실현될 수 있는지, 그리고 그 과정에서 법이 어떤 역할을 할 수 있는지가 언제나 교수님의 연구의 핵심을 이루고 있다. 그래서 우리 사회의 합리화와 자유화에 대한 관심을 담아 석사학위 논문 〈형법상 책임범주의 탈형이상학화와 합리화〉를 썼고, 독일에서는 기호학과 언어철학에 바탕을 둔 해석학과 의사소통이론을 수용하여, 법인식의 구조와 그 한계를 새롭게 조명한 〈문언의 한계, 상호주관성, 맥락에의 함입〉이라는 제목의 박사학위 논문을 썼다.

하지만 이러한 거시적인 전망들이 단지 철학적, 이념적 수준에 머물러 있었던 것은 아니었다. 한국에 돌아온 후 이상돈 교수님은 그러한 전망을 우리의 구체적 법현실에서 하나하나 풀어나가기 시작했다. 실제로 생명공학, 인권, 시민운동, 공익소송, 의료, 경제, 경영, 정보통신, 여성 문제 등 우리 사회의 거의 모든 분야를 연구했다. 그것은 단지 관심사가 다양해서가 아니라, 자신이 제시한 이념적 전망들이 우리의 다양한 현실에서 생생하게 살아 숨 쉴 수 있음을 보여주고 싶어서였다.

이상돈 교수님이 유학을 마치고 돌아와 교수 생활을 시작했을 때쯤, 나는 대학에 입학했다. 사실 나는 대학시절 법학공부에 별로 재미를 붙이지 못했다. 법학은 법조문이나 해석하는 고루한 학문이라고 생각했다. 대신 사회학, 정치학, 철학 등 인문사회과학 문헌들을 탐독하며, 전공을 바꾸어 대학원에 진학하려고 마음먹었다. 하지만 4학년 때 이상돈 교수님의 법사회학 강의를 들은 것이 큰 전환점이 되었다. 그 강의를 통해 법학이 생각보다 훨씬 재미있는 학문이라는 것을 알게 되었고, 무엇보다 법학이 단순한 법률해석기술을 훈련받는 공부가 아니라는 점을 깨닫게 되었다.

결국 나는 대학원에 진학하여 법철학과 법사회학을 전공하기로 마음을 바꾸었고, 이상돈 교수님의 제자가 되었다. 대학원에서는 현대사회이론과 법이론의 세계를 폭넓게 공부했고, 하버마스와 루만 등 현대사회이론을 기반으로 새로운 법모델의 가능성을 시사하는 〈절차주의적 법모델에 대한 연구 : 하버마스와 루만의 이론을 중심으로〉라는 논문으로 석사학위를 받았다. 그 누구보다 법학연구에 열정적이고 또한 자부심을 가지고 있는 이상돈 교수님의 세심한 지도 덕분에 법학공부의 즐거움을 만끽하면서 대학원 생활을 했다. 나는 지금도 그때 법학이 아닌 다른 전공으로 진학했으면 얼마나 후회했을까 생각할 정도로 당시의 선택에 크게 만족하고 있다. 그 후 한국에서 박사과정을 다니다가 영국으로 건너가 법사회학과 인권법을 공부하였다. 영국에서는 법과 규제, 법과 인권 문제에 관심을 가지고 연구를 계속했고, 〈인권보호에서 규제의 딜레마: 대안으로서의 국가인권기구에 대한 분석〉이라는 제목의 박사논문을 썼다.

이상돈 교수님과 나는 여러 연구에서 함께 호흡을 맞추었다. 법이론, 정보통신, 생명공학, 경영, 인권 등에 관련한 여러 연구 프로젝트에서 나는 조교로서 이상돈 교수님의 작업을 지원했고, 〈법사회학: M. Weber, J. Habermas, N. Luhmann의 사회학이론과 법패러다임〉이라는 책과 〈하버마스의 인권이론〉이라는 논문을 함께 써내기도 했다. 그동안 교수님과 긴밀히 호흡을 맞출 수 있었던 것은 당연히 비슷한 관심사와 전망을 가지고 있었기 때문이다. 우리는 근대성의 실현이 여전히 우리 사회에서 중요한 과제라고 생각했고, 그를 위한 법적 실천의 과제들을 끊임없이 고민해 왔다. 그것은 한편으로는 사회에서 법의 중요성을 크게 신뢰하는 것이기도 했고, 다른 한편으로는 법의 한계를 명확히 인식하는 것이기도 했다. 우리는 법이 인간생활을 효율적으로 규제하기 위한 단순한 규칙이 아니라, 인간의 이성적 자율성을 실현하는 데 필수불가결한 사회규범이라고 생각한다.

이러한 법이 어떻게 사회 속에서 자리매김되어 있는지가 이성적 사회를 만들어가는 데 있어 결정적으로 중요하다고 믿는다. 반면 법에 과도하게 의존하는 것 또한 시민사회에 해악적일 수 있다고 본다. 삶의 문제를 법에 너무 많이 위탁함으로써 법에 저당 잡힌 삶을 살아가는 것은 '이성적 사회'의 이상과 거리가 멀기 때문이다. 그래서 사회문제의 해결을 너무 손쉽게 형사처벌이라는 폭력적 수단에 맡겨 버리는 현대국가의 형사정책이나, 시민들의 삶을 별다른 고민 없이 국가에

위탁해 버리는 복지국가의 법제화 흐름에 비판적인 관점을 견지하고 있다. 국가가 법을 통해 시민사회에 개입하는 것은 이성적 자율성을 더욱 증진시키기 위한 것이지, 그것을 제약하려는 것이 아니라는 점을 생각해 보면 이러한 생각은 당연한 것이기도 하다.

이러한 문제의식은 법모델에 대한 구상으로 연결되기도 했다. 우리는 시민의 자율성을 맹신하는 자유주의적 법모델이나 국가의 힘을 맹신하는 사회국가적 법모델 등 기존의 법모델들을 발전적으로 지양하는 일이 필요하다고 생각했고, 이것은 절차주의적 법모델이라는 구상으로 이어졌다. 절차주의적 법모델은 법이 형식적인 절차나 실질적인 급부를 제공하는 것보다는 시민들이 스스로 자신의 자율성을 발현할 수 있는 대화적 절차를 제공해야 한다는 구상이다. 이 구상은 함께 작업한 〈법사회학 : M. Weber, J. Habermas, N. Luhmann의 사회학 이론과 법패러다임〉에 상세히 설명이 되어 있고, 이상돈 교수님은 이 문제의식을 다양한 사회영역에서 펼쳐나가기도 했다. 이 책은 청소년들을 위한 법학가이드의 성격을 띠고 있기에 이러한 우리의 관점은 최대한 배제하였지만, 책의 곳곳에서 법에 대한 이러한 문제의식이 조금씩 드러나 있음을 눈치 챈 독자들도 있을 것이다.

서로 조금은 다른 길로 향하다

유학길에 오르면서 나는 이상돈 교수님과 조금 다른 방향의 연구를 하게 되었다. 이상돈 교수님은 그때부터 제자들과 함께 포스트모더니즘 법이론을 본격적으로 연구하게 되었다.

교수님은 본래 근대성, 즉 모더니즘에 기반한 법이론을 전개해 왔지만, 포스트모더니즘에 힘입어 모더니즘을 총체적으로 반성하고, 성찰적 모더니즘의 전망을 새롭게 했다. 그리고 이러한 반성적 성찰이 법학의 지층을 더 다양하고 풍요롭게 만들어 줄 것으로 기대하고 있다. 이러한 연구의 결과물로 〈법문학〉과 〈문헌연구: 포스트모더니즘과 법〉을 제자들과 함께 펴냈고, 최근에는 〈법미학: 법과 아름다움의 포스트모던적 이해〉을 출간했다.

이렇게 이상돈 교수님이 포스트모더니즘 연구를 통해 근대성의 재해석에 몰두하는 동안, 나는 보다 현실적인 법사회학적 연구에 관심을 집중하게 되었다. 국가와 시민사회의 이분법을 제시하는 정치사회학

교수님들의
학문 이야기

의 분석틀에서 볼 때, 법은 그 중간에 위치하는 것이라고 전제하고, 이러한 관점에서 국가가 법을 통해 과도하게 시민사회를 규제할 때 벌어지는 문제점에 주목했다. 국가법의 과도한 규제는 시민사회의 자율성을 해칠 수 있기 때문이다. 그런 맥락에서 나는 현대복지국가에서 문제해결을 점점 국가와 법에 의존하는 추세가 강화되고 있는 것을 비판적인 관점에서 바라보았다.

최근 영국에서 발달한 규제학은 이러한 문제의식을 뒷받침하는 데 도움이 되었고, 그 이론적 성과를 토대로, 시민사회의 정치적 요구를 법(규제)을 통해 실현할 때 벌어지는 이론적인 문제와 현실적인 문제를 연구하였다. 그 첫 번째 시도로 박사과정에서 인권의 보호와 증진이라는 과제가 법에 의해 실현되는 과정에서의 문제점을 집중적으로 살펴보았다. 앞으로는 인권뿐만 아니라 다양한 시민사회의 의제들이 법에 의해 실현되는 과정을 비판적으로 검토해 볼 계획이다.

매력적인
법학의 세계로!

우리의 연구는 법학이 얼마나 풍요로운 학문인지를 잘 보여준다. 우리가 펼쳐온 학문의 여정들은 '이게 법학 맞아?' 라는 의문이 들 정도로 다양하고 폭넓은 분야들을 섭렵하고 있다. 그것은 법학이 결코 법조문을 해석하는 기술이나, 법정에서의 화려한 논변을 배우는 것이 아님을 보여주는 것이기도 하다. 물론 우리가 실무법조인들에 비해 더 넓은 시야를 가지고 보다 심층적인 분석을 전개해 온 것은 학문으로서의 법학을 연구하는 학자이기 때문이다.

하지만 실무법조인들이 하는 일이 단순히 대학에서 훈련받은 법률기술을 현실에 적용하는 것이라고 생각하지 않는다. 앞에서 여러 번 언급되었듯이 법학은 인간과 사회에 대한 폭넓은 전망 속에서 법이라는 프리즘을 통해 세상의 대소사를 다루는 학문이다. 정도의 차이는 있을지언정,

실무법조인들의 고민도 우리들이 법을 대하는 태세와 다르지 않고 또 달라서도 안 된다. 그들은 이것이 법을 다루는 모든 사람에게 공히 적용되어야 한다고 믿고 있다.

물론 많은 젊은이들이 판검사나 변호사라는 안정된 직장을 갖기 위해 법학공부를 시작한다는 것은 엄연한 현실이다. 하지만 법학공부는 좋은 직업을 갖기 위한 법률지식을 연마하는 것에 그치지 않는다. 다시 한 번 강조하지만, 법학은 단순 법률해석기술이 아니며, 인간의 삶과 공동체에 대한 깊은 이해를 바탕으로 우리 삶의 공존의 조건들을 찾아가는 학문이다. 우리는 법학의 이러한 면모를 제대로 이해한 학생들이 전공으로 법학을 택했으면 하는 바람에서 이 책을 쓰게 되었다.

이상돈 교수님과 나는 그 누구보다도 법학을 좋아한다. 우리가 가족들과 보내는 시간을 제외한 거의 모든 시간을 연구실과 세미나실에서 보내는 이유는 오로지 법학을 공부하는 것이 너무 행복하기 때문이다. 그래서 오늘도 즐거운 마음으로 책을 읽고, 논문을 쓰고, 다음 연구거리를 찾고 있다. 보다 많은 사람들이 법학의 진면목을 이해하고 이 매력적인 학문에 관심을 가졌으면 좋겠다는 것이 우리들의 또 다른 바람이다.

법학 관련 학과가 있는 대학들

자료 : 대학알리미 교육통계DB (2017년 11월)

서울	고려사이버대, 광운대, 국민대, 덕성여자대, 동국대, 명지대, 서울대, 성균관대, 성신여대, 세종대, 숙명여대, 숭실대, 연세대, 한국방송통신대, 한양사이버대, 홍익대
부산	경성대, 동의대, 부경대, 신라대
대구	계명대
인천	인천대
광주	광주여대(경찰법학과), 조선대
대전	대전대, 목원대(경찰법학과), 배재대(공무원법학과), 한남대
울산	울산대
경기도	가천대, 가톨릭대, 경기대, 단국대, 대진대(공공인재법학과), 수원대, 아주대, 한경대
강원도	강릉원주대, 상지대, 한림대
충청도	공주대, 순천향대, 중부대(경찰법학전공), 세명대, 중원대, 청주대
전라도	목포대, 순천대(공공인재학부), 군산대, 전주대
경상도	경남대, 경상대, 영산대, 창원대, 경운대(경찰법학전공), 경주대, 대구가톨릭대, 대구대, 안동대, 한동대
제주	제주대

나의 미래 계획 다이어리

나를 알아보는 단계

미래 계획을 세우기 전에 나를 알아보는 것은 중요하다. 재능 있는 사람도 즐기는 사람을 당할 수 없다고 한다. 내가 가장 좋아하고 잘할 수 있는 일은 무엇일까? 자, 자신이 좋아하는 일들로 지면을 가득 채워보자!

난 게임이라면 자신 있어!
이래 봬도 고수란 말씀!

게임 얘기
할 줄 알았어.
난 놀고먹는 게
제일 좋은데
어쩌나~

보너스 문제

이것만은 절대 못 하겠다!

다른 건 어떻게 해보겠는데, 정말 하기 싫은 것이 있을 것이다.
눈치 보지 말고, 마음껏 적어보자!

_____

_____

_____

_____

_____

_____

_____

본격적인 계획 단계- 목표 설정

나에 대해 알아보았으니 이제 본격적으로 자신만의 맞춤 계획을 세워보자. 먼저 자신이 무엇을 하고 싶은지 적어보자. 목표가 확실하지 않으면 계획을 진행하기 어렵기 때문에 신중히 생각해야 한다.

부자가 되는 것도 좋지만, 실현 가능한 목표를 세우는 것이 중요해. 그러기 위해서는 좀 더 구체적으로 생각하는 게 좋겠지?

나는 부자가 될 거야!

실행 단계

목표를 정했으니 이제 거침없이 계획을 진행해 보자. 자신이 세운 목표를 이루기 위해서는 어떤 일들을 해야 하는지 적어보자.

나의 목표 - 방학 동안 체중 5kg 감량

계획

저녁은 오후 7시 이전에 먹는다. → 저녁은 안 먹지만 야식은 먹었다.
일주일에 3번 이상 줄넘기를 한다. → 일주일에 3번 이상 줄만 간신히 넘었다.
군것질을 줄인다. → 군것질은 줄었지만 외식이 늘었다.

단, 계획이 잘 실행되고 있는지 수시로 체크하는 것이 중요하다!

10년 후 나의 모습

이렇게 계획을 세우는 것만으로도 마음이 든든하다. 이 든든한 마음을 가지고 10년 후 자신의 모습을 생각해 보자!

파티시에가 되어서 사람들에게
꿈과 희망도 같이 나눠주고 있을 것 같아!
상상만으로 빵 냄새가 솔솔 나는 것 같아.

와~ 그럼,
나 빵 닳이
주어야해!
공짜로~

이상돈 교수님은...
현재 고려대학교 법학전문대학원에서 학생들을 가르치며 연구하고 있고, 고려대 기초법연구센터 소장을 맡고 있다. 그동안 근대성의 이념을 재해석하여, 개인의 자유영역을 확대하고, 시민 사회의 자율성을 실현하는 민주적 법치국가의 체제를 짜는 일에 몰두해 왔으며, 현재 이런 기획 아래 의료, 경제, 경영, 정보통신, 생명공학 등 다양한 법 분야를 연구하고 있다.

홍성수 교수님은...
현재 영국 런던정경대(LSE)에서 박사를 받고, 영국 옥스퍼드 대학 'Centre for Socio-Legal Studies'에서 연구를 계속하고 있다. 법사회학과 근현대 사회이론을 이론적 기반으로 현대사회에서 벌어지는 다양한 인권문제와 복지국가에서의 법적 규제와 관련된 여러 문제들을 연구하고 있다.

나의 미래 공부 17

MAP OF TEENS MT 법학

초   판 1쇄 펴낸날 2008년 11월 14일
개정 2판 1쇄 펴낸날 2025년 12월 29일

저자 이상돈, 홍성수
발행인 서경석

책임편집 정재은 | **디자인** All Design Group | **일러스트** 문수민
마케팅 서기원 | **제작 · 관리** 서지혜, 이문영

펴낸곳 청어람 엠앤비 | **출판등록** 2009년 4월 8일(제 313-2009-68호)
주소 서울특별시 구로구 디지털로 272 한신IT타워 404호 (08389)
전화 02)6956-0531 **팩스** 02)6956-0532
전자우편 juniorbook0@gmail.com

정가 15,000원
ISBN 979-11-94180-14-2 44360
        979-11-86419-42-7(세트)